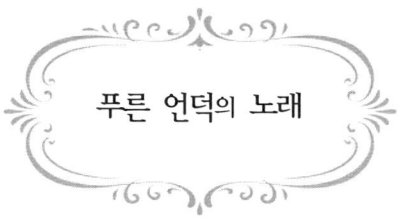

푸른 언덕의 노래

푸른 언덕의 노래

1판 1쇄 발행 | 2020년 7월 15일

지은이 | 류외순
발행인 | 이선우
펴낸곳 | 도서출판 선우미디어

등록 | 1997. 8. 7 제305-2014-000020호
130-100 서울시 동대문구 장한로12길 40, 101동 203호
☎ 2272-3351, 3352 팩스: 2272-5540
sunwoome@hanmail.net
Printed in Korea ⓒ 2020. 류외순

값 13,000원

※ 잘못된 책은 바꿔 드립니다.
※ 저자와의 협의하여 인지 생략합니다.
※ 이 도서의 국립중앙도서관 출판예정도서목록(CIP)은 서지정보유통지원시스템 홈페이지
 (http://seoji.nl.go.kr)와 국가자료공동목록시스템(http://www.nl.go.kr/kolisnet)에서 이용하실
 수 있습니다.(CIP제어번호: CIP2020028262)

ISBN 978-89-5658-646-5 03810

푸른 언덕의 노래

류외순 수필집

책머리에

 그동안 쓴 글들을 한 자리에 모았다. 아직은 더 키워야 한다는 생각에 출간을 많이 망설였지만, 이렇게 한 권의 책으로 엮으면서 나의 경험과 기억의 편린들을 다시 만나니 감회가 새롭다.
 평소에 내 이야기를 털어놓지 않는 편이어서 누군가는 내게 무슨 비밀이 있느냐고 묻기도 했다. 그러나 글을 쓸 때만은 비교적 자유로웠다. 살아가면서 누구에게나 크고 작은 굴곡이 있을 것이다. 오랫동안 마음 깊이 간직했던 이야기를 꺼낼 때면 비밀을 들킨 것 같은 느낌도 없진 않았지만 "개인적인 이야기가 사회적인 것이다."라는 말에 힘을 얻었다. 이제는 담담히 말할 수 있다. '왜 쓰는가.'라고 스스로에게 묻기도 했지만 '글을 쓴다는 건 자기 해방의 힘'이라고 생각했다. 글은 변화와 치유의 힘을 가졌다.
 어릴 적부터 자연과 벗하면서 성경 공부하는 어머니 어깨 너머로 일찍 글을 알아 아무 글자나 보이는 대로 읽는 버릇이 있었다. 성장해서도 재미있는 책은 손에서 놓지 못해 길을 가면서도 읽었다. 책을 읽으면서 걷는 아이로 알려지기도 했다.

내 글에는 오월의 이야기가 유달리 많다. 푸른 언덕, 밤나무 언덕, 모래 언덕, 참새의 언덕 등등 그 언덕길에는 노래도 있었으리라. 살았던 곳마다 언덕이 많은 덕도 있지 않았을까. 나의 이야기들이 그리 나쁜 것만도 그리 좋은 것만도 아니어서 다행이다. 내일은 더 나은 이야기를 만들 수 있다면 좋겠다.

수필은 체험과 사색을 적어서 깨달음을 얻는다고 했던가. 우리 시대가 겪은 전쟁의 흔적과 어릴 적 고향의 기억, 사라지는 것들을 문자로 잡아 놓고 싶었다.

그동안 수필을 지도해 주신 선생님들께 감사드린다. 특히 부족한 글에 평설을 써주신 민명자 선생님께 깊이 감사드린다. 함께 해준 문우들, 책이 세상에 나오기까지 애써주신 선우미디어에도 감사한다. 오랫동안 묵묵히 지켜봐준 나의 사랑하는 가족들에게도 고마움을 전한다.

2020년 초여름
과천에서 류외순

차례

책머리에 …… 4
민명자 부재와 현존의 서사와 본향(本鄕)의 세계
　　　　　- 류외순의 『푸른 언덕의 노래』 …… 225

제1부 오월의 햇살

다듬이 소리 …… 13
초원 사진관 …… 17
소나기 마을 …… 21
가마솥에 누룽지 …… 25
보리밭 …… 29
덕수와 염소 …… 32
오월의 햇살 …… 36
호박 …… 40
우순봉, 나의 어머니 …… 44
매화에 물을 주어라 …… 48
물 실은 고향 …… 50

제2부 등꽃 그늘에 앉아

두물머리 …… 57
외순처럼 …… 61
내 인생의 통행증 …… 65
강아지풀 …… 69
벚꽃 모자 …… 72
기억의 저장소 …… 76
등꽃 그늘에 앉아 …… 80
여름 향기 …… 84
좋을 때다 …… 87
시를 낭송하며 …… 91

제3부 붉은 바다

푸른 언덕의 노래 …… 97
무릎 …… 102
눈의 두 얼굴 …… 105
내 손 안에 돌멩이 하나 …… 108

미래의 오늘 …… 111
나부상(裸婦像) …… 114
붉은 바다 …… 118
딸꾹질 …… 122
나무들의 세상과 바다 …… 126
반지 언니 …… 129

제4부 모든 것은 종이 위에서 더 아름답다

아름다운 사람들 …… 135
거문오름의 신비 속으로 …… 139
물의 마을에서 …… 143
모든 것은 종이 위에서 더 아름답다 …… 146
행복 수업 …… 150
노란 우체통 …… 154
종소리 …… 158
붉은 광장 …… 162
돌아올 수 없는 거리 …… 166
나신의 탑과 절규 …… 171

제5부 자주색 옷고름

자주색 옷고름 ······ 177
문(門) ······ 181
우리 순이 ······ 184
양탕국 ······ 188
저 언덕을 바라보며 ······ 192
어머님 전상서 ······ 197
비단꽃향무 향기롭고 ······ 201
국수 한 그릇 ······ 205
팔촌계 ······ 209
아들네 가족 ······ 213
예쁘게 말해요 ······ 216
행복한 꿈꾸기 ······ 219

제1부

오월의 햇살

소리는 울림의 감각이다.
나는 눈으로 보는 것보다 듣는 소리를 좋아한다.
새소리, 물소리, 바람 소리, 은은히 울리는 종소리,
먼 데서 들리는 개 짖는 소리,
닭 울음소리를 좋아한다.
나는 누군가 부는 휘파람 소리와
고향집 기왓골에서 떨어지던 낙숫물 소리,
어머니의 다듬이 소리를 좋아했다.
소리의 울림이 촉촉이 내 가슴을 적셔 주었고,
마음에 안정과 편안함을 주기 때문이다.

−본문 중에서

다듬이 소리

가끔 다듬이를 두드리고 싶은 충동을 느낄 때가 있다. 거실 한쪽에 놓여 있는 다듬잇돌과 방망이를 보고 있을 때이다. 시어머님이 생전에 아끼셨던 물건이다.

다듬이 소리가 그립다. 내가 어렸을 때만 해도 명절 전이면 집집마다 들려오던 익숙한 소리인데… 이제는 들을 수 없는 소리이다.

우리가 어렸을 때는 볏짚을 태운 재를 체에 넣어서 물을 부어 내려 받은 양잿물을 비누 대신으로 사용했다. 흰옷 일색인 빨래를 이 양잿물에 담갔다가 냇가로 가지고 나가 빨랫방망이로 두드려 빨았다. 한여름, 매미도 방망이 소리 따라 장단을 맞추었다.

빨래가 마르면 풀을 먹이고 잘 개어서 무명보자기에 싸서 풀이 골고루 배이도록 발로 밟았다. 나는 책을 읽으면서 자근자근 밟고, 내 친구는 동생을 업고 꾹꾹 밟았다.

광목이나 옥양목 이불 홑청은 굵은 방망이로, 명주는 조금 작은 방망이로 두드렸다. 명주는 다듬이질할수록 반들반들 윤이 나지만 고운 천이라 접힌 자국 날까봐 배기에 말아 한 번 더 다듬었다.

처음에는 퍽퍽 둔탁한 다듬이 소리가 나지만 두드릴수록 차츰 맑고 청아한 소리가 난다. 시어머니와 며느리, 시누이와 올케가 마주 앉아 악기를 연주하듯 다듬이를 하며 마음도 가다듬었을까. 종이가 무거워서 맞잡는 게 아니듯, 손과 마음을 맞추다 보면 며느리는 시집살이의 고단함이 풀리고, 고부간, 시누이 올케 간의 정도 쌓이고 마음이 서로 통했을 것도 같다.

명절을 앞두고 집집마다 울리는 다듬이 소리는 기다림의 소리이기도 했다. 군대에 간 아들을 기다리고 돈 벌러 간 남편을 기다렸다. 고향을 찾아오는 이들은 동구 밖까지 들리는 정겨운 소리를 들으며 걸음을 재촉했으리라. 그런 밤은 부엉이 우는 소리도 들렸다. 다듬이하는 두 여인네의 그림자가 창호지 문에 어린다.

그동안 세상은 엄청나게 변화하고 발전했다. 지금의 며느리 세대는 아마도 다듬이 소리는 알지 못할 것도 같다. 그러나 내 가슴 속에는 그리운 소리이고 정경이다.

우리 고향에는 윗마을에 말매미, 중막골에 참매미, 아랫마을에 씨롱매미가 있었다. 말매미는 큰 소리로 시끄럽게 잘 울고, 참매미는 좀 더 낮게 맑은 소리로 운다. 씨롱매미는 '씨롱씨롱' 리듬 있게 운다. 윗마을 아재는 가수가 되려고 언덕에서 말매미처럼 늘 노래를 불렀고, 바느질과 음식 솜씨도 좋아 모두가 좋아했던 중막골 언니는 참매미처럼 노래를 잘 불렀다. "해마다 찾아오는 삼월 열나흘 저 달이 흐리거든 어느 하늘 밑에서 찢어진 가슴 안고 우는 줄 알아다오."라는 이수일과 심순애 노래를 내가 중학생일 때 그 언니를 따라 부르며 배웠다. 어느 자리에서나 구성지게 가락을 뽑아 인기 있던 아랫마을 씨롱매미 오빠는 결국 가수의 길을 가지 못하고 고향에서 농사를 짓고 있다.

　생후 칠 개월 된 손녀에게 장난감 소고를 주니 겨우 뒤집기를 하면서도 두 손을 번갈아 가며 자꾸 두드린다. 소리가 나는 게 신기한가 보다. 사람은 원초적으로 두드림의 울림을 좋아하는 것 같다. 언제부턴가 난타공연을 자주 보게 되었다. 요즘은 학습축제 개막식이나 시민의 날 행사 때에 빠지지 않고 공연을 하는데, 방망이질하듯 북을 두드리는 신명나는 리듬에 사람들은 빠져든다. 현대인들의 쌓인 스트레스를 또 다른 두드림으로 푸는 건지도 모르겠다. 고향집의 아련한 다듬이 소리를 난타가 대신할 수는 없겠지만 그 울림은 느껴진다.

　소리는 울림의 감각이다. 나는 눈으로 보는 것보다 듣는 소리를 좋아한다. 새소리, 물소리, 바람소리, 은은히 울리는 종소리, 먼데서 들리는 개 짖는 소리, 닭 울음소리를 좋아한다. 나는 누군가 부는 휘파람 소리와 고향집 기왓골에서 떨어지던 낙숫물 소리, 어머니의 다듬이 소리를 좋아했다. 소리의 울림이 촉촉이 내 가슴을 적셔 주었고, 마음에 안정과 편안함을 주기 때문이다.

　요새는 누구나 쉽게 노래방에 가서 노래를 실컷 부르지만, 소리 높여 노래를 부를 수도 없고 악기도 없던 시절 우리의 어머니들은 오직 다듬이질로 한을 풀고 마음을 다스렸는지도 모른다. 난타를 하듯 장단을 맞추다보면 가슴이 후련해졌을 것이다.

어머니의 다듬이 소리를 자장가 삼아 잠들던 어린 시절이 그립다. 눈을 감고 듣는다. 먼 옛 고향집의 다듬이 소리를.

(2017. 3.)

초원 사진관

내가 살던 영해읍에는 예술사진관이 있었다. 뒷산에서 동네 기와집을 배경으로 친구와 사진을 찍었다. 언덕에 비스듬히 기대어 찍거나 나란히 서서 찍기도 했다. 사진사가 예술적으로 찍어주었다고 생각되어 훗날까지 자랑삼아 들고 다녔다.

그 후로 내가 찍은 사진은 고작 교복을 입고 찍은 졸업 앨범사진이 전부다.

사촌언니가 시집가던 날 종일 함박눈이 내려서 읍내에 있는 사진사가 오지 못했다. 열여섯 살에 시집을 가면서 결혼식 사진마저 없으니 얼마나 서운했을까. 큰아버지가 일찍 돌아가셔서 내 아버지가 상객(上客)으로 가셨기에 아버지의 사진도 있을 뻔했는데…. 사촌언니도 그 일이 두고두고 안타깝다고 한다.

작은아들이 앨범을 정리하다가 형은 돌상 받은 사진이 있는데 자기 사진은 왜 없느냐고 물었다. "형 돌 때는 카메라를 빌려서 찍었는데 네 돌 때에는 카메라가 없어 그냥 잔치로 끝냈다."고 했더니 황당한 표정을 짓는다. 실타래를 잡아 모두가 박수를 치며 좋아했다고 사진을 보여주듯 말했지만 시큰둥했다. 그때 아이들 할머니는 건강이 최고라며 은근히 실타래를 잡으라고 흔드셨다. 요즘처럼 동영상이라도 찍을 수 있었다면 그 모습을 보여줄 수 있을 텐데 지나간 시간의 흔적을 보여줄 방도가 없다.

그때는 '다른 건 다 빌려줘도 카메라는 빌려주지 않는다.'는 말이 있었다. 집에 도둑이 들면 카메라부터 가져갔다. 카메라가 그만큼 귀중품이었다. 작은아들도 그게 마음에 남아서였을까. 대학에 들어가자마자 제일 먼저 사진동아리반을 들어가더니 카메라부터 장만했다. 제 아이들 돌잔치는 유난히 더 신경을 쓰는 듯했다.

군산 '시간여행' 프로그램을 따라 〈8월의 크리스마스〉 촬영지인 '초원사진관'에 들렀다. 간판만 봐도 가슴이 뭉클하다. 불법주차 단속원 다림이와 시한부 삶을 사는 사진사 정원이의 짧지만 영원할 것 같은 사랑이야기, 그들에게는 8월이 크리스마스였다. 사랑하고 사랑받아서 행복한 시간이었다. 영화 속 장면들을 떠올려본다. "아저씨는 왜 나만 보면 웃어요." 하며 묻는 그녀, 그 웃음 뒤에 시한부를 사는 사진사의 슬픔이 애틋하다. 시간의 흔적으로 남는 무수한 사진들처럼 '사랑도 언젠가는 추억으로 그친다.'는 것을 알고 있었던 그는 사랑을 간직한 채 떠날 수 있게 해줘서 고맙다는 말을 남긴다. 초원사진관 속의 그가 오늘 나의 사진 속 기억들을 깨운다.

사진은 개인의 역사이고 기록이다. 마치 마법처럼 사연이 들어 있어 울기도 하고 웃기도 한다. 함께한 사람들과의 관계를 말해주며 변해가는 서로의 모습도 보여준다. 그리운 사람들 얼굴을 보면서 위로도 받는다.

사진은 즐거운 날에 찍는 기념이기에 흐뭇하다. 도서관 프로그램으로 '나의 인생 포토에세이'를 꾸며본 적이 있다. 내게도 이런 젊은 날이 있었구나 싶지만 그때 사진은 왠지 표정이 굳어 보인다. 지금이 훨씬 밝고 편안하다. 그 시절에는 실없이 웃거나 까불면 안 되던 때였다. 사진기가 익숙하지 않아서 '차렷' 자세로 어색하게 찍혔다.

요즘엔 사진관을 찾아보기 힘들만큼 세상이 달라졌다. 불법주차 단속원은 CCTV가 대신하고, 차량은 견인차가 보관장소로 이동시킨다. 영화 속 주인공의 말처럼 세월은 많은 것을 바꾸어 놓는다. 스마트폰이 좋아져서 언제 어디서나 사진을 찍고 일자별로 저장이 된다.

사진관에 필름을 맡기고 며칠 동안 기다리던 때의 낭만은 찾기 어렵게 되었다. 서대문에 있는 '추억사진관'이었던가, 자주 가던 사진관의 사진사가 특별히 남산식물원에서 사진을 찍어 주겠다고 했다. 한겨울인데도 꽃들이 만발하고 향기가 가득해서 별천지였다. 나는 그가 시키는 대로 포즈를 취했다. 그러다가 내가 웃질 않으면 그는 딴청을 부리면서 잘될 때까지 되풀이했다. 굳은 표정을 풀어주려 애썼던 그의 모습이 내 기억 속 사진의 한 장면처럼 남아 있다. 셀프 카메라, 셀카봉 등이 나오기 전 사진은 남이 찍어 주는 것이었다. 사랑하는 사람이 찍을 때 제일 예쁘게 나온다는 말도 있다. 사진은 객관적으로 나를 바라볼 수 있어 좋았다.

그 날의 사진이 제일 기억에 남는다. 왜 그 사람이 친절하게 더 잘 찍어주려고 애를 썼는지 지금 어렴풋이 알 것 같다. 두고두고 이렇게 기억하게 되리란 것을 그는 그때 이미 알고 있었을까. '선원수첩'이라는 것을 보여주며 연락을 기다리는 중이라고 했다. 그 사진관에 그 날 찍은 내 사진이 한동안 걸려있기도 했다. 얼마 후 갔을 때는 주인이 바뀌어 있었고 그는 외항선을 타고 먼 바다로 떠났다고 했다. 반세기 가까이 지났어도 덧니를 보이며 눈으로 웃던 그 사람 모습이 생생하다. 산다는 것은 즐거운 추억을 만드는 일이 아닐까.

(2018. 5.)

소나기 마을

　밤부터 세차게 내리던 초여름비가 다행히 가늘어져 금방 개일 듯 하늘이 훤해진다. 우리 일행을 태운 봉고차는 북한강을 끼고 연둣빛 신록이 싱그러운 호반 길을 달리고 있다. 뒷자리의 문우가 "모든 것이 젖어 있을 때 더 아름답다"고 한마디 한다. 이제 비는 오는 듯 마는 듯해서 초목들이 살짝 젖어있고 산마루에 서려있던 안개구름도 조금씩 걷히고 있다.
　우리는 오늘 황순원 문학촌의 소나기 마을로 문학기행을 가고 있다. 〈소나기〉는 우리의 마음속에 그리움이고 소녀시절의 동경이었다.
　소나기 마을에는 나무와 돌 징검다리 그리고 들꽃 핀 초원과 보랏빛 도라지꽃과 마타리꽃이 있고, 별이 뜨는 초가지붕도 있다. 그 아래 불빛 환한 방에는 소년의 아픈 이별이 있다. 우리나라에 황순원의 〈소나기〉가 있다면 프랑스 프로방스 사람들에겐 알퐁스 도데의 〈별〉이 있다. 어릴 적에 이들 작품을 읽으며 은연

중 스며든 서정 때문일까, 나는 징검다리와 도라지꽃, 별과 조약돌을 유난히 좋아했다. 그리고 오빠가 있는 친구가 부러웠다. 미더운 오빠 등에 업혀보고 싶었다.

형제가 없어서 늘 외로웠다. 큰비가 와서 외나무다리가 떠내려 갈 때 오빠가 있는 아이들은 함께 손을 잡고 징검다리를 건넜지만 나는 늘 혼자였다. 소나기에 물이 불으면 나는 우리 집 강아지 워리를 데리고 밤나무 둥천으로 올라가 거칠게 흐르는 황톳물을 보기도 했다. 엄마랑 둘이 산 너머 약수터에 갈 때면 보랏빛 산도라지꽃이 피어 있었다. 여름 저녁 평상에 누우면 하늘에 촘촘히 박힌 별들이 무수히 반짝였다.

초등학교를 갓 졸업한 봄이었다. 아지랑이 아롱거리는 봄날 아랫마을에 잔심부름을 하며 친척집에 얹혀살고 있는 외로운 소년 덕수를 만났다. 뭔가 얘기가 통했고 만나면 기분이 좋았다. 뒷산에서 진달래도 따먹고 비탈이나 벼랑에 피어있는 꽃이 더 예뻐서 애써 위험한 벼랑의 꽃을 꺾으며 즐거워했다. 꽃잎은 먹고 제일 긴 수술은 빼서 꽃 싸움도 했다. 그때는 뒷산에 메아리도 살았다. 할미꽃을 꺾으려고 엎드렸을 때는 노루가 껑충 내 머리 위를 지나가기도 했다. 그렇게 한 계절을 보낼 즈음 덕수가 한동안 안 보이더니 세상을 떠났다는 소문이 들려왔다. 내 마음을 처음으로 환하게 밝혀주던 아이, 나만 보면 동그란 얼굴로 해맑게 웃던 아이, 귀엽게 다가와 손을 내밀던 아이였다. 그 아이는 왜, 어디가, 어떻게 아팠을까. 엄마에게 물어보면 그걸 알아서 뭐하냐고 야단을 치셨다. 그래도 한동안 잊을 수가 없었다. 소년도 소녀도 외로웠던 탓이리라. 그가 살아 있었다면 나만큼 아름다운 기억으로 간직했을까, 그때 그도 이별이 슬펐을까, 오늘 소나기 마을을 보며 눈물을 참았다.

황순원 선생님께서는 삼십대 후반에 〈소나기〉를 쓰셨다고 한다. 지금의 아이들이 상상이나 할 수 있을까. 가슴앓이의 애틋함과 원두막과 징검다리, 한참을 가야 나오는 동네와 학교, 들길, 논둑길, 원두막, 초가집, 골목길이 사라져 버린 지금….

선생님이 남기신 불후의 명작과 올곧게 사신 모습이 오늘 우리들의 마음에 빛이 된다.

선생님이 쓰신 글 제목으로 만든 한편의 시 같은 병풍도 진열되어 있었다.

- 늪, 기러기, 목넘이 마을의 개, 곡예사
- 학, 잃어버린 사람들, 너와 나만의 시
- 내일, 백마고지, 별과 같이 살다.
- 카인의 후예, 인간 접목, 나무들 비탈에서다.
- 일월, 움직이는 성, 신들의 극
- 시 선집

선생님의 육필 원고를 보니 수많은 가위표와 빗금과 네모가 쳐져 있다. 펜을 처음 들 때의 감정을 헛되이 하지 않고 끝까지 완성도를 높이려 원고지가 새까맣도록 고쳐 쓰셨다. 한 글자, 한 문장, 혼을 담아 쓰신 흔적이다.

양평 소나기 마을은 전체가 공원이다. 우거진 신록이 비에 젖어 바람이 약간 불어도 물방울이 뚝뚝 떨어진다. 맑고 깨끗한 강마을이 소나기 마을다운 향기가 느껴진다. 비가 와서 야외코스는 다녀보지 못하고 바라만 보았다. 소나기에 등장하는 소나기 광장, 수숫단, 오솔길, 들꽃마을, 징검다리, 너와 나만의 길이 있었다.

늦은 점심을 먹으며 〈별〉에서 주인집 아가씨가 목동에게 물었던 대목 중에서 "여기서 무얼 하며 지내니? 특히 무슨 생각을 하며?"하던 말이 얼핏 떠올라 합석한 문학회 선생님들에게 다소 짓궂게 똑같이 물었다. 어떤 분은 농담으로 받아쳐서 좌중이 폭소를 터뜨리고, 어떤 분은 진지하게 답해 깊은 생각을 남겼다. 해학과 문학이 있던 그날의 자리는 여름날의 시원한 소나기였다.

(2013. 5.)

가마솥에 누룽지

"하늘 천 따지 가마솥의 누룽지 박박 긁어서 너도 먹고 나도 먹고…."

어릴 적 우리는『천자문』을 요즘의 코미디처럼 패러디해서 노래하듯 떠들고 다녔다. 하늘 천 따지 검을 현 누를 황… 하다 보면 가마솥의 누룽지가 튀어나올 만도 하다.

가마솥의 누룽지는 그 시절 최고로 맛있는 간식이었다. 불 조절에 따라 얇고 노릇노릇하게도, 두껍게 눌리기도 했는데 밥하는 기술이다. 밥을 다 푸고 난 뒤 물을 부어 놓으면 남은 열로도 누룽지는 구수한 숭늉이 된다. 그때는 식사 후엔 반드시 숭늉을 먹었다. 따끈하고 구수한 숭늉을 마시고 나면 식사 후의 포만감도 더하는 것 같았다.

어릴 때 읽은 동시에도 "숭늉을 마시고 가방을 메고서 학교로 가지요."라는 구절이 기억난다. 제사를 지내고 숟가락을 내릴 때면 숭늉을 올리는 순서도 있는데, 중국이나 일본에 비해 차 문화가 덜 발달한 이유 중의 하나로 숭늉을 꼽는 이도 있다고 한다.

아들이 결혼하기 전에는 압력 밥솥에 일부러 누룽지를 만들어 아침에 출근할 때 끓여주곤 했다. 아들은 연탄불에 밥해 먹던 시절에 자라서인지 누룽지를 좋아하지만 손자 손녀는 숭늉은 싫다며 보리차를 마신다. 이제 숭늉 맛을 모르는 세대가 됐다.

우리 세대는 가마솥의 향수가 있다. 여름에는 "따다닥따다닥" 소리를 내면서 타는 보릿짚으로 감자도 삶고 보리밥을 지었다. 가을에는 볏짚을 땠다. 그도 모자라서 뒷산에서 오리나무, 아카시, 참나무, 생 솔가지 등을 베어다가 가마솥에 불을 때어 밥을 지었다. 생나무일 때는 연기가 나서 눈물을 흘려야 했다.

국어 시간에 선생님께 들은 얘기다. 어느 여류시인이 부엌에서 부지깽이로 가마솥 아궁이에 불을 때다가 하도 연기가 매워서 밖으로 뛰쳐나와 하늘을 쳐다보며 세 가지 한탄을 했다고 한다.

"왜, 하필, 가난한 이 집에 태어났나."

"왜, 하필, 여자로 태어났나."

"왜, 하필, 분단된 나라 조선에 태어났나."

나도 그렇게 생각했다. 샛바람이 불면 불이 더 안 들어 연기에 눈이 매워 눈물을 흘렸다.

방학 때 외갓집이나 고모 댁을 가면 달랐다. 커다란 가마솥에 '알 갈비'라 불리는 소나무 낙엽과 장작을 쓰니 연기도 나지 않고 부지깽이만 잘 움직여 주면 불이 잘 들었다. 가마솥 안에는 쌀과 보리를 적당히 섞어 안친 솥에 풋고추, 가지, 호박잎, 된장도 함께 쪄냈다. 특히 된장은 밥물이 적당히 넘어 들어가서 더 구수하고 맛있었다. 밥을 뜸 들이는 동안에는 남은 숯불로 간고등어도 구웠다. 밥이 다 되면 외숙모가 시키는 대로 나는 여기저기로 다니며 식사하시라고 식구들을 모았다.

  나는 으레 방학이 되면 외가에 가서 지내곤 했다. 집으로 올 때쯤 외숙모는 별식을 해주셨다. 가마솥 뚜껑을 뒤집어 걸어 놓고 울타리에 심어놓은 야들야들한 애호박을 따다가 햇밀가루로 부침개를 부치셨다. 멍석 위에서 먹던 그 부침개 맛은 지금도 입안을 감돈다.

  경술년에 태어나서 이름이 경술이라는 아랫방 아재는 서 말들이 가마솥에 소죽을 끓인다. 섣달 그믐날에는 그 솥에다 물을 끓여서 식구들이 목욕도 했다. 외갓집 열 식구, 고모님 댁 열 식구가 밥을 해 먹었던 가마솥이 이제는 핵가족에 밀리고 도시화에 밀려 기억 저편으로 사라진 지 오래다. 가끔 식당가에 가면 가마솥 뚜껑 삼겹살이 있는데 우리는 솥뚜껑을 뒤집어놓고 썼지만 그곳 솥뚜껑 삼겹살은 기름이 흘러내려야 하니 뚜껑 그대로 놓고 사용한다. 그나마 지금은 보이지 않는다.

  예전엔 가마솥 뚜껑 여닫는 소리가 아침을 열었다. 그러나 요즘엔 가마솥 밥맛을 재연했다는 전기압력 밥솥이 알라딘의 요술 램프처럼 말을 한다. "잡곡 취사가 시작되었습니다." "잠시 후 맛있는 밥이 완성됩니다." "잘 섞어서 보온해 주십시오." 참으로 편리하다. 친정 엄마께서 입버릇처럼 하시는 말씀 "오래 살고 볼 일이다." 참말로 그렇다. 내가 늦은 나이에 학교에 간다고 하니 어머니는 "솥뚜껑 운전 대학 그만큼 했으면 됐지." 하시던 말씀이 떠오른다.

　아침에 일어나면 어머니는 머리에 흰 수건을 쓰고 무명 치마저고리에 앞치마를 두르고 우물에서 물을 길어와 가마솥에 물부터 끓여 밥을 지으셨다. 아직도 그 모습이 눈에 선하다. 방구들이 식어 밤새 춥다가도 아침밥 짓는 불에 방이 따뜻해지면 일어나기가 싫어 이불 속을 파고들었다. 참으로 오래전의 일처럼 옛 얘기가 됐지만 불과 오륙십 년 전의 얘기이다.

　오늘도 나는 가마솥 밥을 흉내 내는 전기압력 밥솥에 밥을 안친다. 내 속에서 맴돌던 가마솥 밥 추억이 스팀으로 분사되어 배출된다.

(2013. 6.)

보리밭

여고시절 교실에서 건너다보이는 언덕에 푸른 보리밭이 오월의 훈풍에 물결치고 있었다. 학교로 오가는 길목이기도 한 그 푸른 언덕이 좋아서 나는 찻길인 큰길보다는 그 오솔길로 다녔다.

음악시간에는 보리밭을 바라보며 "보리밭 물결을 헤치며 부는 오월의 훈풍이여 우거진 신록이여 부풀대로 부푼 나뭇가지에 행복의 무늬가 꿈처럼 인다."는 노래를 불렀다. 비오는 날, 앞자리의 친구가 '보리밭에 비가 내린다.'며 쪽지를 건네 주었다. 나는 얼른 '풀잎이 비에 젖는다. 빗소리도 흐느낀다.'고 그때 유행하던 노래 〈초우〉를 흥얼거리며 답장을 보냈다.

오월 어느 날, 담임선생님께서 나를 따로 불러서 어버이날 장한 어머니로 우리 어머니를 추천했다고 하셨다. 뜻밖의 일에 조금은 수줍기도 했지만 조심스럽게 어머니께 말씀드렸다. 학교에서 오라고 하면 깨끗한 옷을 입고 오시고, 선생님 말씀대로 혹시 모르니 노래도 연습하시라고 부탁드렸다. 어머니가 찬송가 외에 유일하게 아시는 노래인 "날 저무는 하늘에 별이 삼 형제, 반짝반짝 정답게 지내이더니…."를 부르면 좋겠다고 했다. 나도 조금은 들뜬 마음으로 그날에 있을 일련의 일들을 상상하며 마음의 준비를 하고 있었다. 그런데 다음날 선생님께서는 3학년 선배의 어머니에게 상을 양보했다면서 미안하다고 했다.

얼마나 섭섭하던지 차라리 말씀을 말지, 집으로 가는 길, 바람 부는 언덕 보리밭 고랑에 숨어 앉아 서럽게 울었다. 그날은 뒷산 정자에도 들렀다. 그곳에서 공부하던 초등학교 동창생이 무슨 일이냐고 물었지만 말없이 돌아섰고 어머니 얼굴 보기가 죄송해서 해가 져서야 집으로 들어갔다.

어머니는 왜 이렇게 늦었냐고 물으셨다. 나는 학교에 안 오셔도 된다고, 내가 2학년이라서 3학년에게 양보했다고, 내년에 줄지도 모른다고 얼버무린 것 같다. 엄마는 오히려 잘된 일이라며 괜찮다고 하셨다. 네가 어려운 환경에서 공부 잘해주어 장학금으로 공부하니 얼마나 다행이냐고, 점심 도시락도 보리밥에 반찬도 변변찮아서 늘 미안하다고 하셨다. 그날 밤 베갯잇이 흠뻑 젖도록 소리 죽여 울었다.

그날 당장 먹을 땟거리를 걱정해야 하는 몰락한 양반가의 며느리, 연로한 시어른 모시고 온갖 고생 하시는 어머니, 어린 딸을 울려가며 짰다는 안동포 두 필과 무명베 한 필을 팔아서 나를 고등학교에 보냈던 어머니, 텃밭의 풀 좀 뽑으라고 친척 어른들이 시키면 "딸이 아까워서 못 시킨다."고 하신 어머니. 지금은 그 텃밭에 보리를 심어 엿기름 만들어 해마다 보내 주신다. 덕분에 명절이나 특별한 날엔 어머니 손맛이 담긴 식혜를 만든다.

서울에서 승용차로 다섯 시간 정도 걸리는 곳, 언제부턴가 큰 길에서 쳐다보면 그 오솔길이 있던 언덕에 교회당이 세워졌다. 동네도 많이 변했다. 동네와 동네 사이에 논밭과 신작로만 있었는데 지금은 읍내까지 집들과 가게가 이어졌다.

한겨울 언덕을 넘을 때면 찬바람에 볼이 떨어져 나가는 것 같았던 곳, 오월이면 훈풍이 불어 보리가 물결치고 흰 구름 흐르던 그 푸른 언덕에는 아직도 그 보리밭이 있을까.

그 시절 보리는 지금보다 키가 컸던 것 같다. 허리까지 올라와서 몸을 약간만 숙여도 보이지 않았다. 그때 그 보리밭이 없었다면 나는 어디서 울었을까. 나의 엄마는 장한 어머니가 맞다고 울고 또 울었던 기억, 그 어머니 은혜로 지금 하고 싶은 것하며 잘 살고 있다.

2년 전 학생이 줄어 여고와 남고가 통합이 되어 그 길로 누가 지나다니기나 하는지 모르지만 다시 가면 그곳에 꼭 가 봐야겠다. 그곳에 서면 여전히 바람결에 엄마의 사랑이 전해지겠지만 그 섭섭함은 이제 잊어야겠다.

옛집 뒤껼 아카시아 울타리에 '별 얼고 돌 운다.'는 동지섣달 칼바람이 밤새도록 울부짖던 밤은 너무도 길고 추웠다. 그 바람이 어느 결에 부드러워지면 종갓집 양지바른 담장 안에 매화꽃이 피었다. 계속되던 한파도 이제 영상의 기온으로 올라갔다. 매화꽃 소식이 저 만큼 오고 있겠다.

(2012. 2.)

덕수와 염소

비가 오려나 보다. 매애~ 매~애애애. 앞산 평전에 매어놓은 우리 염소가 나를 부르는 소리다. 염소는 비 맞는 것을 싫어하고 귀에 물이 들어가면 죽는다고 했다. 그러면 정말 큰일이다. 이 녀석이 잘 커야 학교에 갈 수 있기 때문이다.

중학교 합격증을 받고서도 가정 형편상 학교를 가지 못했다. 며칠을 울고 나서 염소 한 마리를 사달라고 어머니를 졸랐다. 다음 장날에 새끼 한 마리를 사오셨다. 내 꿈의 시작이다. 잘 키워서 새끼를 낳으면 다시 장에 내다 팔아서 학교에 갈 생각이었다.

교복을 입고 학교 가는 친구들이 부러웠지만 나는 매일 염소를 데리고 꼴을 먹이러 갔다. 사람들이 애완견을 키우듯 애지중지 키웠고 '매~에에애-' 소리를 따라하며 동생처럼 보살폈다. 비가 오는 날이면 아카시아 잎과 뽕잎을 한 소쿠리 따서 물기를 닦아서 먹였다. 나는 냄새에 민감하고 비위가 약해서 동물들의 배설물에 유별나게 질색을 했다. 그런데도 콩알 같은 까만 염소의 똥은 더럽지도 않고 귀엽기까지 했다. 가까이 가면 깡충깡충 옆걸음을 치고 작은 뿔로 들이 받기도 하며 재롱을 부렸다. 우리는 앞서거니 뒤서거니 들로 나갔다. 풀을 뜯는 동안 나는 풀밭에 앉아 책을 보며 염소 배가 차도록 기다렸다.

아랫마을에 사는 내 또래 아이 덕수는 뒷산에 가면 늘 나무를 하고 있었다. 덕수는 산골 동네에서 그 해 초등학교를 졸업하고 친척집으로 왔다. 양지 바른 곳에서 우리는 할미꽃도 꺾고 진달래도 따 먹으며 놀았다. 할미꽃 잎이 지고 하얀 꽃 수술이 할머니의 머리카락처럼 하얗게 나오면 몇 개를 뽑아 양손바닥에 굴려서 동그랗게 탁구공처럼 만들어 던지고 받으며 공놀이도 했다. 무릇은 뽑아서 머리 땋아 내리고 신랑각시 놀이도 했다

그러는 사이 염소는 내가 몰고 다니기 힘들 만큼 컸다. 그즈음 어머니 아시는 분이 데려가서 잘 키우겠다며 끌고 갔다. 팔려간 것이다. 얼마나 가기 싫었을까. 철없던 어린 마음에 또 얼마나 보내기 싫었던지….

그 무렵 덕수마저 어디가 아파서 떠났다고 하더니 얼마 후 세상을 영영 떠났다는 소식이 들려왔다. 가끔 우리들을 집까지 데려다 주기도 하고 꼴도 해다 주고 함께 염소를 키워준 아이, 왜 그렇게 가야만 했을까. 염소와 함께 내 마음에 머물다간 아이, 친구들에게 이리저리 물어봐도 아무도 덕수를 기억하지 못한다. 나만 아는 아이. "내일도 만나!" 했지만 서로 약속을 지키지 못한 채 그렇게 헤어지고 말았다. 한동안 봄풀이 돋을 때면 '매~에에

에.'하며 우리 염소가 날 부르는 모습과 동그란 얼굴에 해맑게 웃고 있는 덕수의 모습이 봄 아지랑이 속에 아른거렸다.

　이듬해 나는 중학교에 입학했다. 염소를 몰고 풀을 먹이면서 틈틈이 국어책은 거의 외우다시피 공부했던 덕이다. 그때는 국어와 산수 두 과목만 입학시험을 보았는데, 국어는 거의 만점을 받았다. 염소 덕에 학교도 가고 공부도 잘하고 착하다는 소리도 들었다.

　까만 염소들이 풀을 뜯고 있다. 여행할 때 차창 밖으로 염소가 보이면 옛 생각이 나서 더욱 정겹다. 이 동물은 옆을 못 보고 앞만 보는 습성이 있어서 융통성이 없고 주인도 몰라본다고 한다. 고집은 좀 세지만 순하디 순하다. 외나무다리 위에서 염소 두 마리가 서로 뿔을 맞대고 싸우다가 양보를 못해서 함께 물에 빠졌다는 우화도 있지만, 함께 뛰다가도 문득 돌아서서 멀리 망을 볼만큼 순하기도 하다. 염소를 방목해서 키울 수 있으면 좋으련만 집을 못 찾아온다. 말뚝에 매어놓으면 하루 종일 사방으로 빙빙 돌며 풀을 뜯다가 말뚝에 고삐가 바짝 감기면 우리 염소는 매~애애애 매~애애애 나를 불렀다. 숨이 넘어갈 듯 불렀다.

　지금도 어머니는 어린 것이 염소를 키워서 학교에 갈 생각을 어떻게 했는지 모르겠다며 늘 다행이라고 말씀하신다.

　먼 곳에서 들리는 뻐꾸기 소리, 울긋불긋 진달래 피던 뒷동산에서 함께했던 고마운 친구와 순한 눈망울의 우리 염소와 놀던 그 시절이 아련하다.

배한봉 시인의 "염소가 울고 있는데/ 동글동글 새까만 울음을 누고 있다"고 쓴 시를 읽으면서, 그 염소 마냥 동글동글 새까만 울음을 누고, 염소 똥 같은 눈물을 흘렸는지도 모르겠다는 생각이 들었다. 우리 염소도, 나도, 덕수도 ….

내 안에는 지금도 덕수가 살아 있다. 문득 옛 기억이 스칠 때면 외로웠던 어린 날이 함께 떠올라 목이 메기도 하지만 돌아보면 참 좋은 시절이었다.

(2014. 1.)

오월의 햇살

관악산 둘레길이 아카시아 꽃향기로 가득하다. 창문을 열면 바람에 실려 오는 초여름의 싱그런 향기, 지금쯤 고향 뒷산에도 아카시아 꽃이 한창이겠지.

누릇누릇 보리가 익어가고 우거진 푸른 숲에 하얀 찔레꽃이 무더기로 피고 배쫑배쫑 배배 쫑 종달새 노래하던 곳, 그네를 뛰던 단오절이 떠오른다. 연당에서 창포를 베어다가 삶은 물에 머리를 감고, 액운을 쫓고 편안한 한 해가 되라고 천궁을 꺾어 머리에 꽂았다. 어른들은 약쑥을 베어다가 엮어서 바람이 잘 통하는 북쪽 벽 모퉁이에 걸어두었고, 청년들은 포강가의 소나무 등걸에다 새끼를 걸어놓고, 다시 새끼에 새끼로 더 두껍게 꼬아서 뒷산 높은 소나무가지에 그네를 매었다.

열다섯 살 무렵이던가. 아랫마을 정숙이 언니하고 쌍그네를 타다가 그만 기운이 빠졌다. 그만 하자고 했지만 못들은 체 계속 무릎을 굴러 더 높이 올라만 갔다. 나는 죽을힘을 다해 그넷줄을 잡았고 식은땀이 나고 정신마저 아뜩했다. 하늘 높이 오르니 현기증이 일어난 것이다. 요즘 그네 줄에는 손을 감을 수 있는 안전장치가 되어있지만 그땐 그렇지 않았다. 세 살 위의 언니는 한창 힘이 좋았고 나는 그 힘을 당하지 못했다. 떨어져 죽을 수도 있겠구나 싶었다. 지금도 그 생각만 하면 으스스하다.

뒷산에는 '무계장'이라는 정자가 있었다. 그곳에는 탱자나무 울타리가 철옹성처럼 늘어서 있고, 찔레나무도 많아서 찔레 순을 한 움큼씩 꺾어서 먹기도 했다. 찔레나무 밑 새순은 더 통통하고 물도 많고 달콤하다. 끝부분은 쌉싸래한 맛이고 조금 쉰 것은 껍질을 벗겨 먹기도 했다. 찔레 새순을 꺾으려다가 뱀 허물을 보고는 기겁을 할 때도 많았다. 뱀은 찔레나무 밑에 허물을 잘 벗어둔다. 어른들이 밭일을 하다가 뱀을 잡으면 찔레나무에 걸어두었는데 그렇게 하지 않으면 흙냄새를 맡고 다시 살아난다고 해서다.

찔레꽃이 필 때 맨 먼저 피는 꽃잎을 세 잎 따먹으면 피부가 좋아지고 부스럼이 나지 않는다는 어머니의 말씀대로 해마다 나는 찔레 꽃잎을 따먹었다. 그 버릇은 지금도 이어지고 있다. 그 덕일까 나이에 비해 피부가 나쁜 편은 아니다.

옛날 사람들의 가슴엔 찔레꽃이 있었나 보다. 보릿고개에 배고프고 전쟁으로 상처받은 이들이 밭둑이나 산길 곳곳에 피어있는 향기로운 꽃을 보며 위안을 받았을 것이다. 한때 우리나라 사람들 애창곡 1위가 〈찔레꽃〉이었다.

왠지 찔레꽃은 서러운 꽃으로 느껴진다.

앵두가 익을 때의 일이다. 학교에서 돌아오는데 한동네 사는 장난기 많은 친구가 가방에 꽂힌 내 주판을 빼서 약을 올리며 달아났다. 당장 찾지 않으면 내일 수업이 있는데 큰일이다 싶어 한 사코 따라가며 얼른 내어놓으라고 소리를 질러댔다. 그때 마침 대구에서 전근 와서 우리 동네에 살던 교감 선생님이 그 광경을 보고 내일 교무실로 오라고 하셨다. 바로 그날 밤이었다. 달도 밝고 개구리도 와글와글 시끄럽게 울어싸서 산책을 나갔다. 밤중에 나간다고 한소리 들을까봐 어머니의 큰 코고무신을 거꾸로 신고 살금살금 나갔다. 마침 동갑내기 남자애들이 모여 놀다가 앵두를 따준다고 해서 함께 따먹었다. 그때 마침 선도지도를 나온 선생님과 마주쳤지만 동네에서 예사로 있는 일이어서 걱정도 안 했던 터였다.

그런데 다음 날 일이 더 커져버렸다. 교감 선생님이 어제 일을 꾸중하시니 봐주려던 선도 선생님까지 한 수 더 거들면서 일을 삼았다. 한 동네에서 어릴 적부터 함께 자란 친척뻘인 남자애들인데 선도 선생님이 오해를 한 듯 반성문을 쓰라고 했다. 아무런 잘못이 없다고 우기는 내가 미웠는지 정학감이라고 엄포까지 놓으면서 겁을 주었다. 계속 버틸수록 더 엄하게 나오셔서 할 수 없이 반성문을 쓰고 훈계를 듣고 집으로 왔다.

어머니는 학교에서 무슨 일이 있었느냐고 물었다. 어머니가 잠깐 낮잠을 잤는데 꿈에 목사님이 오셔서 내 어깨에 손을 얹고 기도를 하더라고 하셨다. 깜짝 놀랐다. 전화기도 없고 전해줄 사람도 없는 그 한나절의 일을 어떻게 아셨을까. 지금도 의문이다.

  어머니가 자식 생각에만 골몰하면 그렇게 알게 되는 일인가. 내 얼굴에 그렇게 쓰여 있었을까. 교감 선생님은 사춘기 여고생을 걱정하여 일침을 주셨다고 하지만 정말 정학이라도 시키면 어쩌나 하고 겁도 났었다. 고생고생하며 어렵게 학교에 보낸 어머니 얼굴이 제일 먼저 떠올랐다. 오로지 착한 딸이기를 바라는 마음인데, 이유는 제쳐두고 동네에서도 있을 수 없는 일이기에 실망이 이만저만 아닐 것이다.

  이제 와서 돌이켜보면 한낱 추억일 수 있지만 그래도 그만한 일로 나를 교무실로 부르고 겁주던 교감 선생님에 대한 야속한 생각은 오래도록 가시지 않았다.

  뒷산 가득 흰 구름이 서리듯 아카시아 꽃이 피어 향기롭던 곳, 어머니께 전화해서 아카시아 꽃이 피었냐고 물으면 "벌써 진다. 그건 왜 번번이 묻느냐"며 어이없어 하신다.

  오월의 햇살이 푸른 잎에 반짝이는 날, 바람에 실려 오는 감미로운 향기에 옛날을 더듬는다. 푸른 바람이 분다. 아카시아 꽃잎이 날린다.

(2014. 5.)

호박

　시골 친정집에 다니러 갔다. 뒷밭에 심은 호박들이 하도 커서 어머니 혼자 힘으로는 도저히 딸 수가 없다고 하셨다. 정말 둘이서 따기도 버거울 정도로 커다랗다.
　집으로 오면서 호박 두 덩이를 싣고 왔는데 거실 한쪽을 차지하고 들어앉았다. 자리를 옮기면 상하니 호박은 한 번 차지한 자리가 제자리다.
　아들이 보더니 몇 년을 키운 거냐고 묻는다. 아홉 살짜리 손녀가 어릴 적에 내 무릎에 들이대며 앉았던 것처럼 자연스레 호박 위에 걸터앉는다. 작은 씨 한 톨에서 호박이 열리는 과정을 설명하니 손녀가 고개를 끄덕인다. 쳐다보기만 해도 흐뭇하고 흥부네 박처럼 부자가 된 듯하다.
　내가 어릴 적, 심심할 때 일벌이 호박꽃 속에 들어가면 꽃잎을 오므려 가두는 장난을 쳤다. 호박 꽃잎에 갇힌 벌이 살려달라고 윙윙거리곤 했는데 그때쯤 슬그머니 놓아주곤 했다. 갑자기 소나기가 쏟아질 때는 제일 넓은 호박잎을 따서 정수리에 얹고 냅다 뛰었다. 빗물이 머릿속으로 흘러내려 얼굴을 적시는 것이 싫어서다. 가끔은 동무끼리 모여 아무 집이나 담 위 넝쿨 속에 숨어있는 애호박을 따다가 부침개를 부쳐 먹기도 했다. 솥뚜껑을 뒤집어 걸어놓고 호박 꼭지를 잘라서 그 꼭지로 기름을 두르고, 귀한 밀가루는 조금, 호박 채는 많이 넣어 부침개를 부쳤다. 배고프던 시절 천하의 일미였다. 빗소리와 기름 지글거리는 소리가 비슷해서 그런가. 지금도 비오는 날이면 부침개 부쳐 먹는 날이라는 생각이 든다. 소리의 하모니가 사람의 미각에 와 닿는 모양이다.

수박에 줄이 있다면 늙은 호박엔 선명한 골이 나란히 있다. 마치 조각 공예를 한 듯 예술적이다. 색깔도 좋고 복주머니를 닮았다. 아침 해가 뜰 무렵 갓 열린 열매가 이슬 맺힌 샛노란 꽃을 이고 있을 때는 새색시가 족두리를 쓴 듯 아리땁다.

호박은 늘 우리 곁에 가까이 있어서 친숙한 먹을거리가 되어주고 풍요로움을 선사해 준다. 입맛이 떨어지는 여름에 애호박과 호박잎은 된장찌개, 칼국수의 고명으로 제격이었다. 60일이 지나고 덩치가 불어난 늙은 호박은 죽이나 떡, 고지 나물, 호박즙, 엿 등으로 몸을 바꿔가면서 사람들에게 헌신한다.

아침 이슬이 내린 마당가 호박넝쿨 위에 마른 옷을 걸쳐 놓았다가 촉촉해질 즈음에 걷어서 숯 담은 손다리미 자루를 잡고 오르락내리락 다림질을 하던 기억도 있다. 그런데 옷을 마주잡고 있다가 졸기도 했다. 그 일은 내가 하고 싶지 않은 일 중의 하나였다.

작은외삼촌 댁은 아이들이 일곱 명이었는데 여름이면 천방 둑에 호박을 심어 식량으로 삼았다. 호박범벅을 주로 쑤어먹고 찜통에 쪄서 볶은 콩가루에 묻혀 먹기도 하고 북심이도 해서 끼니처럼 먹었다. 친정어머니는 그렇게 자란 아이들이어서 모두 튼튼하고 키도 크고 병치레도 하지 않았다고 한다. 우리 아들들이 꼽는 엄마가 해준 좋은 음식 열 개 중에 호박전도 들어 있다.

우리가 어릴 때는 머리가 나빠진다고 하며 호박씨를 못 먹게 했다. 어른들은 걸핏하면 "엄마 죽는다."거나 "머리가 나빠진다."면서 겁을 주었다. 겁주는 말로 해로운 짓을 막았다. 바쁜데 일은 안하고 씨만 까먹고 있을까봐, 아니면 종자까지 먹어 버릴까봐 염려해서였다. 뭐든 아끼지 않고 낭비하는 사람을 두고 "호박씨 까서 한 입에 톡 털어 넣는다."고도 한다. 뒷일은 생각하지 않고 입맛 당기는 대로 한꺼번에 다 먹어 없앤다는 뜻이리라.

평생을 호박을 가꾸신 어머니는 씨를 심으면서 "잘 여물어서 서울 딸네 집에 가거라."라며 딸에게 줄 생각부터 하셨다. 호박을 따실 때도 또 생각하셨을 것이다. 누런 복주머니 안에 붕어새끼 같은 씨앗들이 가득 들어 밖으로 나오면 금방 물을 찾아 헤엄쳐 갈 듯하다. 미끌미끌한 것이 잘 잡히지도 않아 살아있는 것 같다. 물고기는 물을 만나 숨을 쉬고, 호박은 흙을 만나 숨을 쉬며 꽃을 피우고 열매를 키운다.

여름내 뙤약볕과 긴 장마, 천둥과 번개, 바람이 싹을 틔우고 가녀린 호박순을 튼튼한 동아줄 같은 줄기로, 복된 호박으로 키워내니 사랑받아 마땅하다.

　어머니는 고향이다. 고향에서 온 호박을 귀중한 호박보석 보듯 바라본다. 거기에 앉아 있는 것만으로 마음이 푸근하고 흐뭇하다.

우순봉, 나의 어머니

　어머니를 뵈러 고향에 갈 때면 단양 팔경의 하나인 옥순봉을 지나서간다. 그곳에서 한 시간 거리에 외가가 있다. 단양 우씨 외할아버지께서 옥순봉을 생각하며 어머니 이름을 지으신 걸까. 아름다운 옥순봉을 바라보며 나의 어머니 '우순봉' 여사를 생각한다.

　"너를 위한 일이라면 뭔들 못 하겠나?"라는 어머니는 겨울보다 더 품이 시리다는 꽃샘추위, 샛바람 부는 들녘에서 쑥과 달래, 돌미나리와 돌나물을 뜯어 한 상자 보내셨다. 보내주신 쑥으로 국을 끓이고 미나리 전을 부쳐 먹으며 차가운 들판에서 구부려서 나물을 뜯는 어머니의 등을 생각한다. 손톱이 닳도록 뜯어 모아도 분량이 안 나가는 어린 싹을 한 상자 가득 보내자니 얼마나 힘드셨을까.

　그 옛날 보릿고개 때는 쑥으로 배를 채우면서, 나의 어머니는 매일 쑥을 뜯어 오시는 시어머니가 미웠단다. 할머니는 봄 햇살이 좋아 집 뒤 양지바른 비탈에서 소일거리로 쑥을 뜯어 오셨을까. 쌓이는 쑥을 보다 못한 어머니는 그만 하시라고 하고, 그런 며느리가 섭섭한 할머니는 쑥 광주리를 도로 그 자리에 갖다 쏟아버렸다고 한다. 야속한 고부갈등이었을까. 육이오가 할퀴고 간 그 시절 초근목피로 생계를 이었다고도 하고, 거지들이 많아 그들은 굴뚝에 연기가 많이 나오는 집에 무조건 들어갔다고도 했다. 춥고 배고픈 기나긴 겨울 오죽 봄이 기다려졌으면 겨우 어린 싹이 뾰족이 나왔을 뿐인데 '쑥!' 나왔다고 했을까.

어머니는 쑥으로 키웠다면서 나를 '쑥 아이'라고 하신다. 그 덕에 지금 오히려 건강이 좋다는 내 말에 그 수고를 몇 해째 마다않고 하시고 있다. 쑥은 영험할 영(靈) 자에 쑥애(艾) 자를 써서 영애라고도 하고, 곰이 백일을 먹고 사람이 되었으니 '쑥 먹은 아이'가 싫지 않다.

우리 엄마 별명은 중막골 꺽다리였다. 지금은 키 큰 게 자랑이지만 그 시절엔 키 크면 싱겁다고 하고, 키가 서 발 장대 같다고 흉보던 시대였다. 내 친구들은 나일론 100프로라는 자기 엄마의 꼬리치마를 입고 다니기도 했지만 나는 엄마의 치마가 너무 커서 도저히 입지 못했고 코고무신은 거꾸로 신어야 맞았다. 숙모님은 엄마 키 닮지 말라고 주문처럼 말했다.

어머니는 이제 구십을 바라보는 연세에도 여전히 허리가 꼿꼿하시다. 사람들이 그 연세에 몸이 곧다고 하면 "내가 왜 굴복할 일이 있나?" 하신다. 부잣집 막내딸로 태어나 잘 먹어서일까, 대부분의 딸들이 자기 엄마보다 키가 큰데 지금도 나는 어머니보다 키가 작다. 시장에서 고무신을 사실 때도 문수가 크다고 부끄러워했다. 계산도 잘하시어 장을 본 계산을 내가 얼른 못한다고 나무란다. 화술도 좋으셔서 병원에 입원해 계실 때는 옆 침대 환자의 보호자인, 아들 나이같은 분이 먼 시골까지 찾아오겠다고 전화도 몇 번 했더란다.

지난겨울에는 내가 두고 온 립스틱이 축이 나있었다. 화장을 한 적이 없는 어머니가 웬일인가 싶어 물었더니, 입술 트지 말라고 잘 때만 바른다고 한다. 아직도 여자이고 싶은가 해서 은근히 놀랐고, 한밤중에 붉은 립스틱 바른 어머니 모습을 연상하니 무척 생소했다. 어쩌면 한 번쯤 바르고 싶기도 했으리라. 젊을 때는 사는 게 바쁘고 돈이 없어 크림 한번 못 바른 얼굴, 지금은 내가 선물로 사드려서 예전보다 조금 고와지신 듯도 하지만, 얼마나 아껴서 바르는지 화장품이 줄지 않는다.

멀다는 이유로, 바쁘다는 핑계로 어쩌다 한번 가면 늘 혼자 계신 어머니, 옆에서 자는 딸이 신통해서 자다가도 깨어 좋아하신다. 마주앉아 밥 먹는 것도 웬일인가 싶고, 어릴 때 못 먹였다고 갈 때마다 찰밥을 해주시곤 한다. 보릿고개 힘든 시절, 보리밥에 반찬도 없다고 투정하며 도시락을 팽개치고 학교에 가는 딸을 보며 얼마나 가슴이 아프셨을지. 지금은 쌀이 남아돌아가고 많이 먹으라고 하면 오히려 핀잔을 듣는다고, 세상이 참 많이 달라졌다며 "오래 살고 볼 일이다. 모든 게 남아돈다."는 말이 어머니

입버릇이 됐다.

　안동 산골에서 태어나 가마타고 시집오신 어머니, 차를 못 타본 탓일까 차멀미가 너무 심해 오 분 거리도 못 가신다. 딸이 서울 온 지 사십여 년 동안 외손자 첫돌에 한번 다녀가셨을 뿐이다. 지나가는 차만 봐도 멀미를 하시니 모시고 올 수도 없다.

　전화해서 "엄마"하고 부르면 기다렸다는 듯이 "왜?" 하고 얼른 대답하는 울 엄마. 그 대답 언제까지나 듣고 싶다. "전화요금 나간다. 자주하지 마라. 바쁜데 오지마라, 나는 잘 있다. 사철 편하다." 해놓고 막상 간다고 전화하면 그 시간부터 문지방이 닳도록 드나들며 기다리신다. 어느 해는 가는 중에 폭설이 내려 늦게 도착했더니 애를 얼마나 썼던지 그 사이에 입술이 부르트셨다. 자식이 뭐기에….

　오늘도 텔레비전에 옥순봉이 나왔다. 무심히 있다가도 어머니 생각이 난다. 우순봉 여사님! 부디 건강하셔서 아버지 몫까지 오래오래 살아주셔요.

(2012. 10.)

매화에 물을 주어라

 가방을 챙긴다. 붓, 벼루, 먹, 종이를 버릇처럼 확인하고 길을 나선다. 문화원을 향해 걸으면서 눈에 들어오는 풍경을 즐긴다. 봄꽃보다 더 예쁜 색깔로 높다란 나무 꼭대기를 장식한 나뭇잎, 발밑에 깔린 아기 손 단풍, 장정 손바닥 같은 플라타너스 등이 만추의 그림을 그려낸다.
 문화원 사군자 교실에는 또 다른 그림들이 펼쳐져 있다. 매화, 난초, 국화, 대나무, 소나무, 나팔꽃, 호박넝쿨 등이 나를 반긴다.
 나는 매화를 친다. 올 봄 대공원 매화나무 아래서 찻잔에 꽃잎 띄워 향기를 음미하던 그때를 생각하며.
 처음엔 구경삼아 친구를 따라왔는데 이제는 그 사군자 매력에 푹 빠졌다. 시작이 반이라더니 난초 한 잎이 늘어나고 꽃이 핀다. 늘 남이 그려놓은 작품을 감상하며 감탄하다가 내가 그린 그림이 향토작가라는 이름으로 시민회관에 전시되었을 때 기뻤다. 전시회도 다니고 예술의 전당을 다녀오던 날은 품위 있는 시간을 보냈다며 즐거워한다.

　문화원 창 너머 감꽃이 피더니 어느새 다홍감이 익어가는 풍경을 보며 오늘도 나는 매화를 친다. 퇴계 선생이 '매화만 사랑하련다.'고 한 말을 빌어서 '나는 매화만 치련다.' 하고 매화만 그린다. 매화를 사랑한 선생은 돌아 가시기 전 마지막 말씀으로 "매화에 물을 주어라."고 하셨다 한다. 그분의 매화에 얽힌 사연은 고개가 숙여진다.

　　꽃이라 하자니 봄이 아직 멀었고
　　눈이라 하자니 향기 가득하여라.

　한겨울 건너온 매화가 이른 봄에 꽃을 피우면 그 향기에 끌려 코를 갖다대지만 그마저 삼갈 일이다.
　이제 매화병풍 하나 장만해야겠다고 하니, "그럼, 잘 그리셔야 합니다."라고 아들이 말한다. 언제쯤 잘 그리게 될까. 아직 그림은 서툴지만 나는 매일 매화에 물을 주는 마음으로 산다.
　매화는 아무리 추워도 향을 팔지 않는다 한다. 내 삶에도 매화가 가득 피었으면 좋겠다.

(2017. 10.)

물 실은 고향

비 그친 후의 산골짜기에 물안개가 피어오른다.

저기가 고향이다. 넉넉한 어머니의 품 같은 아기산(峨岐山)이 팔을 벌리고 서서 오라 반기는 것 같다. 무실대교를 건넌다. 방학 때 고향 올 때면 으레 비가 오고, 비 오는 다리를 건너곤 했다. 어릴 때는 징검다리를, 그 후엔 외나무다리를, 그리고 시멘트 다리를, 지금은 임하댐 건설로 수십 미터 높이의 대교를 건넌다.

아기산 품에 안긴 기양서당도, 종가도 수애당, 정려각, 동신당도 의연하다. 언덕 아래 마을은 물속에 잠긴 채 우리 모두의 그리움으로 푸르게 일렁인다. 그 많던 추자나무는 어디로 옮겼을까. 뼛속에 살이 든 것이 신기했던 어릴 적 기억으로 지금도 가을에는 한 자루씩 산다. 솔밭의 수백 그루 소나무는 어떻게 했을까. 수백 년 전쯤에 선조께서 "소나무의 나이가 궁금하면 모름지기 이 늙은이의 나이를 보라." 하셨다는 우리의 자랑이던 솔밭이다.

솔밭에 달빛이 새어드는 보름밤이면 동네언니들이 해주는 영화얘기를 들으며 시간가는 줄 몰랐다. 〈죽도록 사랑해서〉라는 영화가 아직도 생각난다. 그 솔밭도 물에 잠기고 신선바위, 마당바위도 자취 없다. 집 뒤 언덕에 가득 피어 있던 구절초, 목걸이를 만들어 놀던 탱데미 넝쿨, 화관 만들어 쓰던 궨자리 풀이 있던 장소도 물속에 잠기고 말았다.

언니와 올케들과 뒷산 중턱에 있는 황산사에 오른다. 예전의 황산사가 봉황사로 바뀌었다. 절을 수리할 때 봉황사 현판이 나왔는데, 신라 때 절을 지을 당시 봉황이 와서 단청을 했다는 전설이 있다. 봉황이 앞쪽 단청을 그리고 뒤쪽 단청을 그리는데 이를 목수가 몰래 엿보다가 들켰다. 봉황이 그만 날아가 버려 앞과 뒤의 단청이 다르다고 한다. 봉황사 오르는 길에 우거진 칡넝쿨 순이 길섶으로 기어 나와 우리 일행을 반기는 듯 손을 뻗고 있다.

산 향기는 예전 그대로다. 문득 아버지 생각이 난다. 아버지도 이 길로 황산사를 오르셨으리라. 그 발자국 여기 어디쯤일까. 나의 고향에 대한 그리움은 아버지 그리움이다. 방학 때 큰집에 왔다가 갈 때면 길에서 만나는 어른들이 "잘 가거라, 다음 방학에 또 오너라." 하며 안쓰러우신 듯 손을 흔드셨다. 또 눈앞이 흐려 온다 그때처럼….

언니들이 떠드는 소리에 돌아보니 바로 여기가 화전놀이하던 곳이란다. 진달래꽃 얹어서 부침개 부치고 봄 마중 하던 곳, 그 시절엔 언니 오빠들이 최고로 멋져 보였다.

절에서 물 맞던 곳을 찾아보니 지금도 골짜기에 걸쳐 놓은 통나무에 시원한 물이 가득 흐른다. 같이 간 언니들이 속옷차림으로 물을 맞는다. 시원도 하거니와 이 물은 만병통치로 소문이 나 있다. 머리와 어깨에서부터 허리와 무릎까지 차례로 맞는다. 왁자지껄 떠드는 소리에 조용하던 골짜기에 새들이 놀랐겠다.

달 오른 '기류정' 정자에 앉아 어릴 적 내 모습을 강물 속에서 찾아본다. 물속 바위 위에서는 자라가 놀고 어떤 때는 같이 헤엄도 치고 사발에 조개미끼 넣어 물고기도 잡았다. 강 건너 산 아래 딸기 따러 갈 때는 치마를 가슴까지 말아 올리고 깨끼발로 건너곤 했는데 저만치 물뱀도 허리를 세우고 건너던 기억이 있다. 차디찬 옹달샘 물 마시고 샘가의 멍덕딸기 따먹고 쫀데기로 껌 만들어 씹으며 놀던 그곳, 그날 밤 이불에 지도도 그렸다. 낮에 놀던 물놀이가 꿈으로 이어져 물속에서는 괜찮다 하면서, 아차 할 땐 이미 늦었다. 어쩌면 저 물속에 용궁이 있지 않을까. 우리 모두의 사연들로 만들어진 새로운 마을이 분명 있을 게다. 이 달빛은 그곳까지 비추겠지 고향의 강을 비추는 달님을 쳐다본다.

비슷한 연배의 무실의 딸들과 며느리들 이십오 명이 서울 대구 안동에서 오랜만에 고향을 찾았다. 고향 무실은 전주 류씨 씨족 마을로 1980년대 후반 임하댐 건설로 수몰지구가 됐다. 일부 유적과 삼십여 가구만 남고 선산 해평면으로 집단 이주했다. 입향조(入鄕祖)로부터 사백여 년이나 이어져 왔는데, 안타깝게도 그 이름처럼 무실[水谷]은 결국 물을 가득 실은 마을이 되고 말았다.

이제는 사라져버린 아쉬움에 나는 고향을 찾는다. 종친 모임인

화수회 때나 시제를 지내러가는 숲당 성모 때 가끔 만나지만 친목계로 우리끼리 고향에서 만나기는 이번이 처음이다. 서울에서 출발해서 세 시간 거리인데 언니들과 웃고 떠드는 사이에 벌써 안동이다. 안동 사람이면 누구나 좋아하는 '옥동 손국시' 식당에 들러서, 안동 특유의 식단인 조밥에 풋고추 곁들인 '안동 손국시'를 점심으로 먹었다. 정감어린 고향 사투리가 여기저기서 들린다.

 이제는 말할 수 있다는 며느리들의 시집살이 얘기, 집안형편 생각해서 학교 가지 말고 아버지와 같이 일해서 부자 되자는 말씀에 논 사주고 시집간 딸네 얘기도 재미있고, 특히 윷놀이는 밤새워 놀아도 지칠 줄 모른다. 같은 성(딸네) 대 각성(며느리들)의 시합, 어느 며느리의 승승장구 신들린 듯한 윷가락은 전설이 되지 않을까. 져도 즐겁고 이기면 더 즐겁다.

 골목길 걸으며 접시꽃 따서 이마 볼 콧잔등에 붙이고 서로를 바라보며 웃고 동심으로 돌아간다. 인사차 종가에 들르니 종부께서 가사를 꺼내 외우다시피 유창하게 읽으시고 홍두깨로 밀반죽을 밀어 국수를 끓여 내신다.

  고개를 수그리니 모래 씻는 물결이요
  배 뜬 곳 바라보니 흰 구름만 뭉게뭉게
  때 묻은 소매를 보니 고향 더욱 그립소

이은상 작곡 〈고향 생각〉이다. 물 실은 고향을 그리며 부르는 향수를 달래주는 노래다.

누군가 여행은 현실에서 꾸는 꿈이라 했다. 고향을 자주 찾아서 내 어린 날을 만나는 꿈을 꾸고 싶다.

일 많이 했다는 딸네가 깻잎을 낫으로 베어 한 봉지씩 선물로 준다. 깻잎향기, 고향의 향기를 안고 떠난다. 고향을 뒤로한 채.

제 2부

들꽃 그늘에 앉아

나는 지금까지 내 이름값을 얼마나 실천하고 살았을까.
나의 의식 속에 잠재된 나를
얼마큼이나 끌어내고 드러내었을까.
그냥 닥치는 대로 살고 편하게만 살았는지도 모르겠다.
글을 쓸 때도 깊이 생각하지 않고 떠오르는 대로 쓰고 마는
성격을 스스로 싫어하면서도 그게 나려니 하며 살아왔다.
그러나 달팽이가 노루처럼 뛸 수 없듯이
세상에서 나와 같은 존재는 또 없을 터이다.
그저 바르고 정갈하게 살며
자연의 이치에 따르고 이름대로 순박하게 살고 싶다.
이제는 조용히 안으로 깊어지면 좋겠다.

−본문 중에서

두물머리

  두 물이 만나 어우러진 드넓은 호수가 아침안개에 젖어있다. 바다인가 호수인가. 산빛도 물빛도 안개에 싸여 마냥 신비감을 자아낸다.

  강둑을 걸으며 군데군데 걸려있는 안내판에 게시된 오래된 사진으로 옛 자취를 본다. 수몰 전 마을의 사진과 교복을 입은 학생들의 마지막 졸업사진, 강변에서의 줄다리기, 뱃놀이 광경, 동편 서편 마을을 오갔을 뱃사공의 사진들을 보며 이 강만이 알고 있을 숱한 이야기를 상상해본다.

  문득 남한강과 북한강이 합류하는 곳이 고향이라는 선배 문인의 이야기가 생각난다. "대보름 달맞이 횃불을 만들려고 다북쑥을 꺾던 강변과 메기를 잡던 봇도랑 원두막이 있던 참외밭 허수아비 서있던 조밭이 간데없다."고 아쉬워하던 그곳이 바로 이 자리이다. 그분들의 꿈과 낭만과 애환을 통째로 집어 삼키고 도도하게 침묵하고 있다.

나의 고향 무실도 임하댐으로 인해 물에 갇혔다. 수곡(水谷) 또는 무실이라고도 불리는 그 이름처럼 물을 실은 것이다. 안동댐 임하댐 물이 합류하여 낙동강으로 흐른다. 그러기에 그분들의 마음을 조금이나마 알 것 같다. 지금은 낚싯배 한두 척이 겨우 다니고 나라에 변란이 일어날 때마다 울었다는 700년 수령의 은행나무만이 옛 모습 그대로 꿈에도 그리운 고향을 지키고 서있는데 이곳 또한 그러하다. 여기에 오니 더 고향 생각이 간절하다.

돛단배가 한가로이 오가고 뗏목이 줄지어 마포 나루터로 내려가며 평화롭고 정감이 넘치던 곳, 마지막 도강을 했다는 배 한 척이 외로이 강을 지키고 있다.

그날의 애환을 알고 있는 듯한 두물머리의 명물이라는 사백 년 수령의 느티나무는 언뜻 보면 세 그루 같지만 자세히 보니 한 몸이다. 저 나무처럼 살았을 사람들은 다 어디로 갔을까. 지금은 새 잎이 참새 혓바닥만큼 나왔지만 그 잎이 무성해지면 온통 하늘을 덮으리라. 또 이 느티나무는 얼마나 많은 애기들을 간직하고 있을까. 나무 아래 와서 울고 웃던 사람들의 사연과 사랑과 이별 그리고 휴식까지도, 지금은 이곳의 이정표 역할을 하고 있다.

언제 이곳에서 시화전을 열었는지 시 몇 편이 걸려 있다. 시 〈마지막 돛단배〉에선 뱃길 따라 인연이 오갔다고 노래하고, 〈한번에 다하지 못한다〉에선 아기가 느릿느릿 자라듯이 모든 것은 때가 되어야 한다고 노래한다. 〈상처받고 싶은 사랑〉에선 허공속의 86,400초의 하루를 가슴을 열고 담아 넣는다고 하고 쉽게 이루어지지 않고 쉽게 헤어지지 않는 사랑이 좋다고 노래한다.

느티나무 아래 앉아서 강물보다 안개가 더 빨리 흐른다는 말처럼 안개 걷힌 강 건너 마을을 바라다본다. 울긋불긋 산벚꽃이 피고 연둣빛이 번져가는 강마을의 아름다움을 정작 거기 사는 사람들도 알고 있을까. 섬 같은 산이 고래 등처럼 생긴 그림자를 드리우고 물 위에 떠있다. 내 살던 마을의 버들섬을 닮았다. 먼 산봉우리는 첩첩이 그림 같고 강마을 특유의 고요함에 고향에 온 듯 마음이 편안해진다.

헤르만 헤세는 "물에서 배우라"고 했다. 강물은 끊임없이 흐르지만 언제나 거기 존재하며 항상 같은 것이면서도 매순간마다 새롭다. "미래를 향하여 나아가는 것, 가라앉는 것, 깊이를 추구하는 것" 이렇듯 강으로부터 모든 것을 배울 수 있다고 했다.

또한 중국의 사상가 왕양명의 물이 주는 다섯 가지 교훈도 있다. 끊임없이 자기의 길을 향해 나아가는 것. 깨끗함으로 더러움을 씻는 것. 장애를 만나면 그 힘을 몇 배로 하는 것. 물이 지닌 본래의 성질을 잃지 않는 것. 아래로만 흐르는 것. 이렇듯 우리가 물을 좋아하는 이유는 물이 생명과 인체의 근원이며 삶의 필수요소이기 때문이리라.

사람들은 물을 찾아 기차를 타고 춘천을 가고 양평대교를 건너서 두물머리를 찾는다. 특히 젊은 연인들이 두물머리에 오면 사랑이 깊어진단다. 강물을 사랑하듯, 두 물이 함께 흐르듯.

두물머리의 또 하나의 명물인 물과 꽃의 정원 세미원의 연꽃은 아직 일러 흔적만 있지만 물을 보면서 마음을 씻고 꽃을 보면서 마음을 아름답게 가지라는 뜻의 세미원에 연꽃이 피면 꼭 다시 와야겠다.

산 그림자 드리운 호수에 가만히 떠 있는, 마지막 도강을 했다는 돛단배를 다시 한 번 돌아본다.

(2012. 4.)

외순처럼

나는 이름에 유난히 관심이 많다. 평생 불리고 사용하는 한 사람을 대표하는 것이기도 하지만 웃지 못할 사연이 있어서다.

초등학교 삼학년 때 전학을 갔다. 첫 번째 시험을 보던 날, 아는 문제가 많이 나와 급하게 답부터 쓰고 의기양양하게 제출했다. 이튿날 선생님께서 시험을 잘 보면 무슨 소용이냐 하며 이름 안 쓴 사람 나오라고 했다. 나와 남자아이가 불려나갔다. 60여 명 앞에 나간 것도 부끄럽기 짝이 없는데, 혀를 있는 대로 힘껏 내밀라고 했다. 한참을 벌을 서고 이름을 열 번 부른 뒤에 들어왔다. 그날 이후 나는 시험지는 물론이고 물건에도 무조건 이름부터 쓴다. 사실 그때는 선생님이 야속했지만 지금은 오히려 고마운 생각이 든다.

백여 명이 모이는 고향 종친회에 가면 이름표를 나눠준다. 다른 단체 모임에 갈 때면 늘 석 자를 가슴에 달지만, 여기서는 두 자만 단다. 이게 바로 일가친척이구나 하고 생각하면 혈연의 정이 느껴지고 후손임이 자랑스럽다. 말투 외에도 종친들의 모습이 닮은듯하다고 했더니 집안 어른이 "감자 포기를 뽑으면 뿌리에 달린 감자가 다 같다."고 말씀하셨다.

예전의 어머니들은 자신의 이름으로 불리지 못했다. 일찍 시집가서 새댁, 새사람, 애기 엄마로 불리다가 할머니가 되면 어느 댁이라는 택호로 불렸다. 친정에서는 남편 성씨 따라 김서방댁, 정실이, 박실이라 불렸다. 요즘도 친정에 가면 내 이름 대신 여전히 남편 성을 따라 '정실이'로 불리고 있고 사촌언니는 '전실이'로 불린다. 우스갯소리로 '후' 씨 남편이라면 후실이인가? 지금은 놀라울 정도로 여성들의 사회진출이 늘어나서 직장 여성으로, 전문가로, 글로벌 리더 등 전 분야로 진출하여 당당히 활동하고 있다.

나는 누구든 처음 만나면 이름부터 묻는다. 무슨 이름을 가졌는지 궁금해서다. 야생화, 나무, 풀, 새 이름도 궁금해서 묻고 다닌다. 이름은 그것의 실체이기도 하다. 이름이 없다면 무엇으로 그 존재를 알릴 수 있을까. 자손들이 험한 세상에서 무탈하게 살고 행복하고 건강한 삶을 누리며 장수하기를 기원하는 마음으로 어른들은 정성을 다해 아기 이름을 지었을 것이다.

내 이름도 꽤나 특이한 쪽에 속한다. 이왕이면 '내순'이라고 짓지 왜 '외순(外淳)'이냐고, 밖에서 태어났냐고 놀림도 받았다. 외동이라서 그런가 하고 묻기도 하지만, 외가에서 태어나서 그리 지었다고 하면 그제야 고개를 끄덕인다. 중학교 때 담임선생님은 발음이 어색한지 늘 애순이라고 불렀다. 지금도 애순으로 듣고 부르는 분들이 많지만 나쁘지 않다. 내 이름대로 하면 바깥[外]은 외면이고, 외면은 내면을 포함하니 숨은 뜻을 잘 새기며 살아가면 되지 않으랴.

이름을 좀 본다고 하는 분이 "순수함이 많네요." 했다. 나는 순수함보다는 지혜롭고 싶어서 호를 '혜원(慧園)'이라고 하고, '소피아 류'라는 닉네임도 만들어 쓴다. 할머니께서 태몽으로 모란꽃 꿈을 꾸셨다고 했다. 머리맡에 모란꽃 한 송이가 놓여 있어서 "내가 가져오지 않았는데 누가 가져다 놓았나." 하며 모란은 부귀화라고 좋아하셨단다. 그런데 할머니께서 내가 태어났다는 소식을 듣고 재를 넘어 오시다가 외가 쪽 사람을 만났는데 '딸'이라는 소리에 그 길로 되돌아서 가셨다고 한다. 당신 아들은 한국전쟁으로 행방이 묘연하니 대를 이을 손자가 얼마나 간절했겠으며 오죽 섭섭하면 그리하셨을까.

그 아비는 아직도 소식이 없고, 딸은 이 나라밖 어딘가 높은 자리에 계신다는 용한 '법사'의 말을 애써 믿으며 기적을 바라고 있다. 오직 한 분 그에게 내 이름을 불리고 싶다. 나의 이름도 성별도 모르실 그분에게 내 이름 알리고 싶다. 한 번도 본 적이 없어서일까. 꿈에서도 오시지 않는다. 꿈결에라도 나타나 내 이름 부르시면 달려가 안겨보련만….

'외출'이라는 이름의 모 대학교수 분이 소설가 이외수 씨를 만나러 갔다. 어려운 자리였는데 그분이 외딴 집에서 태어나 '외출'이라는 얘기로 코드가 통했다고 한다. 이외수 작가는 함양군 외가에서 태어났다고 했다. 외가에서 나면 표시를 해야 좋다는 얘기를 들은 것 같기도 하다. 예전에는 외가에서 태어난 사람들이 많았다. 그런데, 의외로 외가에서 태어나지 않아도 '외' 자 들어간 이름이 많다. 어쩌면 저마다 자기가 지닌 특성과 소질을 밖으로 잘 드러내라는 선친의 염원이 담겼으리라.

 회사 퇴직자 모임에서 야유회를 갔을 때, 보물찾기라며 자기 이름을 찾아서 앉으라고 했다. 90여 명의 자리마다 각자의 이름이 쓰인 술병이 놓여 있었다. '처음처럼' 대신에 '외순처럼', '익주처럼', '주성처럼'…. 글씨체도 똑같이 쓰여 있었다. 초대받은 느낌과 진짜 보물을 찾은 듯 기분이 좋았다.

 나는 지금까지 내 이름값을 얼마나 실천하고 살았을까. 나의 의식 속에 잠재된 나를 얼마큼이나 끌어내고 드러내었을까. 그냥 닥치는 대로 살고 편하게만 살았는지도 모르겠다. 글을 쓸 때도 깊이 생각하지 않고 떠오르는 대로 쓰고 마는 성격을 스스로 싫어하면서도 그게 나려니 하며 살아왔다. 그러나 달팽이가 노루처럼 뛸 수 없듯이 세상에서 나와 같은 존재는 또 없을 터이다. 그저 바르고 정갈하게 살며 자연의 이치에 따르고 이름대로 순박하게 살고 싶다. 이제는 조용히 안으로 깊어지면 좋겠다.

(2014. 5.)

내 인생의 통행증

며칠 전 역사의 현장인 서대문형무소를 찾았다. 친구는 이미 경로우대 대상자라서 무료로 입장한다. 나도 나이가 됐다고 하니 매표소 직원이 주민등록증을 제시하라고 한다. 아직 어르신 우대가 되려면 일주일이 더 남았다며 입장권을 사라고 하여 기꺼이 삼천 원을 내고 표를 샀다.

오늘 농협창구에서 경로우대카드를 받으려고 차례를 기다렸다. 신분증을 내고 간단한 서류작성을 마치니 카드 한 장을 주며 "훼손되어 재발급 시는 삼천 원을 내야 합니다. 지금부터 쓰시면 됩니다."라고 한다.

'지공도사, 지공여사'라는 시쳇말을 생일 빠른 친구들이 얘기할 때 "그게 자랑이냐? 나는 줘도 안 쓸 것 같다. 서글픈 일"이라고 했는데 이제 내 나이를 증명하는 확인증 소유자가 되어버렸다. 평소 같으면 자전거로 왔을 텐데 확인 차 한 정거장을 일부러 타고 왔다. 카드를 찍고 나오면서 한참을 서서 살펴보니 소리로 구분이 된다. 일반카드는 '삑'하는데, 경로우대 카드는 '삑삑'한다. 마치 '경로!'라고 소리치는 듯. 굳이 구분 짓지 않으면 좋으련만, 이유가 있겠지…. 그동안 한 번 울리던 소리에 익숙했는데 '삑삑'소리에 쳐다보면 어김없이 노년층이다. 나도 결국 이 대열에 들어섰나 싶어 기분이 묘하다.

어느새 여기까지 왔는가. 젊음을 어디로 다 흘려보내고 어쩌다 경로우대 대상자가 되었는가. 부정하고 싶지만 받아들일 수밖에 없는 현실이다. 어찌 생각하면 지금의 일상이 좋은 면도 없진 않다. 할 일 많고 바쁘고 피곤해서 여유 없던 지난날보다는 아들들이 결혼하여 분가도 했고, 연금으로 생활하며 취미생활을 즐기며 가끔 봉사도 할 수 있으니 고맙다. 젊은 날 불쑥 치닫던 감정들도 이제는 달랠 수 있고 두근거릴 일도 줄어들어 편안하다. 아직은 혼자보다 둘이 좋고 사람 만남이 좋지만, 바깥생활이 줄어드는 노년이 되면 잠잠히 내면의 깊이를 채울 수도 있지 않을까. 그럴 수만 있다면 노년을 귀한 손님처럼 맞이해야 하리라.

학생 때 과제물로 키르케고르의 〈노년에 관하여〉와 〈우정에 관하여〉를 택일하여 리포트를 제출했다. 그때 나는 〈우정에 관하여〉를 택했다. 그때 〈노년에 관하여〉는 나에게는 관련이 없는 아주 먼 얘기인 양 생각했는데 이 과제를 선택했더라면 어땠을까, 미리 준비가 돼서 더 담담하게 오늘을 맞이했을까. 천천히 나이 들어야지 하면서 늙는 것도 기술이라 생각했다. 나이를 먹어도 마음은 언제나 청춘이라 하지 않는가. 그 마음이 청춘이면 그 마음에 몸을 맞추면 된다.

  예전에 비해 65세는 지금의 평균수명으로 50대 초반이라고 한다. 더러는 지하철 경로우대 연령을 70세로 하자는 얘기가 거론되기도 한다. 얼마 후면 그리 될 것 같기도 하다. 어른에 대한 배려와 대우는 바람직하다. 이제부터 나는 부득이한 일이 아니라면 붐비는 출퇴근 시간은 가급적 피하는 게 좋을 것 같다. 큰아들은 늘 더 연배가 높은 어른에게 자리를 양보하고 자리가 비어도 주변을 살피고 앉을 분이 없을 때 앉는다고 한다.

  나보다 연배가 높은 어른들은 한국전쟁 후 곤궁 속에서 근검절약을 생활화하며 나라 재건에 청춘을 바친 세대다. 그런 어른들의 삶을 보면서 나도 알뜰히 살았다. 자동차가 없어 십 리, 이십 리 길은 예사로 걸었다. 지하철 'G-PASS 경로우대증'은 내 인생의 상으로 받은 통행증이라고 생각한다. 20대에 결혼해서 30대에 육아와 직장 생활에 전념했고, 퇴직 후에는 인간의 욕구 중 마지막 단계라는 자아실현을 위해 글쓰기를 하고 있다. 매사에 '조심해라, 아껴라.' 하는 말을 듣고 자라 소박하게 살았고, 여기까지 잘 살아온 중간평가상이다. 지금까지 그래왔듯이 앞으로도 그리 살되 자연을 더 가까이 하며 곱게 늙고 싶다.

  흔히 지하철을 시민의 발이라고 한다. 가까운 곳이나 먼 곳이나, 구경을 가거나 보고 싶은 사람을 만나러 갈 때나, 발과 신발과 지하철은 삼위일체, 아니 내 몸과 사위일체가 되어 움직인다. 발이 건강할 때 열심히 나들이를 다닐 일이다.

나는 늘 지하철 종점 동네가 궁금하다. 4호선 종점 오이도는 내가 사는 과천에서 한 시간 거리이다. 나는 버스 앞자리에 앉듯, 지하철 맨 앞 칸에 타고 종점에서 내린다. 가까운 거리지만 바다를 볼 수 있다. 마음 내키는 날에 오이도의 반대편 당고개도 가봐야겠다. 시간 내어 각 호선마다 종점을 가볼 생각이다. 더 여유를 갖고 내가 사는 세상을 둘러보고 싶다.

타인에게 폐가 되지 않는 한도 내에서 나를 우대하고 싶다. 천천히 늙되 낡지는 말았으면 하는 바람이다.

(2016. 11)

강아지풀

 오늘도 양재천 둑길을 걸으며 군데군데 모여 있는 강아지풀을 만난다. 가느다란 몸으로 복슬강아지처럼 꼬리를 흔든다. 예전 같으면 쭉 뽑아 옆 친구 목을 간질이고 내 손등도 건드리겠지만 지금은 아까워서 쓰다듬어 주기만 한다.
 수많은 풀 중에 왜 강아지풀이 더 정답게 느껴질까. 바람도 없는데 꼬리를 흔들며 같이 놀자고 아양을 떠는 것 같아서일까. 숲길을 걷다가 강아지풀을 만나면 반갑다고 꼬리를 치는 것만 같아 그냥 지나치지 못한다.
 내 기억 저편에는 우리 집 강아지 워리가 있고 강아지풀이 있다. 내 동생같이 여기던 강아지 워리는 언제나 나와 함께였다. 앞개울에 큰물이 져서 물 구경 갈 때도, 밤나무 언덕에 알밤을 주우러 갈 때도, 두리네 집 대추나무 밑에서 "바람아, 바람아 불어라. 대추야, 대추야 떨어져라."하며 놀고 있을 때도 내 곁을 지켰다.

어느 날 먼 곳에서 전도사님이 오시고 어른들이 모이더니 워리를 잡는다고 수군거렸다. 너무 놀라 워리를 뒷산 멀리까지 데리고 가서 절대 따라오면 안 된다고 어서 저 멀리로 도망가라고 쫓아 보냈다. 더 멀리 더 멀리 데리고 가서 보내도 워리는 자꾸 따라왔다. 울면서 돌팔매질을 해도 또 따라 왔다. 어른들이 미웠다. 엄마도 미웠다. 그 날 이후 나는 교회도 안 갔다.

그 후 성경 공부하는 어른들 어깨 너머로 글을 익혀서 신문지로 도배한 집에 갔을 때 글을 줄줄 읽던 나를 기특해 하던 어른들도, 맛있는 것 사다주던 전도사님도 싫어졌다. 교회 근처도 안 갔다. 하나님은 아시리라. 내가 교회를 가지 않은 이유를 이해하시리라. 지금도 눈을 감으면, 발을 구르며 화를 내도, 오면 안 된다고 울면서 애원해도 한사코 따라오던 워리의 모습이 보인다. 학교도 가기 전 내 어린 날의 슬픈 기억이다.

강아지풀은 십 리길 장에 간 엄마를 기다릴 때도, 형제가 없어 심심해 할 때도 그 시간을 함께 보내는 좋은 친구였다. 그때는 시간이 잘 안 갔다. 마루 끝에 앉아서 먼 산도 보고, 축담도 높은데 굳이 사과 궤짝을 갖다놓고 올라섰다가 넘어져 상처가 나면 그 상처를 가지고 놀았다. 심심한 건지 외로운 건지 시계도 없어 해만 쳐다봤다.

외갓집에서 외사촌오빠가 강아지풀 꼬리를 손바닥에 올려놓고 "오요 오요" 하고 혀를 차며 부르면 손목까지 기어올랐다. 신기해 하고 재미있어 하는 나를 잘도 놀렸다. 오빠가 손바닥을 움직였다는 것을 안 것은 먼 훗날의 일이었다. 변소에 갈 때는 뱀 조심을 하라고 일렀다. 며칠 전 홍수가 났을 때 뱀을 잡아서 앞 거랑 황류에 띄워 보냈는데 그 뱀이 흙냄새를 맡고 다시 살아나 도로 돌아왔을 거라며 겁을 주기도 했다. 내 옛 기억엔 외갓집 고욤나무 밑 담벼락에 뱀이 살았던 것 같다. 이렇듯 잊었던 옛 기억도 강아지풀이 떠올려 준다.

  다소곳이 꼬리 내리고 깨끗한 곳에서만 사는 순하디 순한 강아지풀, 언제든 가면 볼 수 있고 반가운 듯 꼬리치고 부르면 따라올 듯, 말을 걸면 온몸으로 대답하는 강아지풀이 있어 나는 심심하지 않다. 어릴 적에도 그랬고 나이 먹은 지금도 그렇다.

  그러나 요즘은 산책길도 인위적으로 조성하고 있어 강아지풀도 그 숫자가 줄어드는 것 같다. 가을 들녘 탐스러운 조 이삭의 원조가 강아지풀이라는 말도 있다. 꽃말은 동심이다. 패랭이꽃 달맞이꽃이 없어지듯 강아지풀마저 없어지면 어찌하나.

  야생화를 공부하는 친구는 강아지풀이 저녁 무렵 노을빛을 받으면 황금빛이 어리는데 그것이 '황금 강아지풀'이라고 했다. 산책로는 정비가 좀 덜되더라도 강아지풀이 무성하게 자라서 노을에 비치는 황금 강아지풀을 많은 사람들이 볼 수 있었으면 좋으련만.

  오늘 산책길에서 만난 강아지풀은 파란 꽃잎과 노란 꽃술이 앙증맞은 달개비 꽃과 서로 마주 바라보고 있어 그 모습이 더욱 사랑스럽다.

(2011. 8.)

벚꽃 모자

내가 다니던 여학교에서는 자주색 교복에 자주색 베레모를 썼다. 여자 교장 선생님은 심사숙고해서 선택했노라고 늘 자랑스럽게 말씀하셨다.

우리는 모자를 쓸 때 약간의 파격이 멋이라며 비스듬히 쓰고 다녔다. 코스모스 꽃밭에서 그림을 그리면 화가 같았고, 오래된 향교의 큰 느티나무 아래서 시를 읽으면 시인 같았다. 모자는 그렇게 사람을 달라보이게 한다. 그때부터 모자 쓰는 것이 몸에 배었는지 나는 모자 쓰기를 좋아한다.

새마을 운동이 한창이던 시절, 사람들은 밀짚모자를 많이 쓰고 다녔다. 밀짚이 흔하던 때여서 우리는 밀짚으로 여치 집을 만들어 처마 끝에 줄줄이 걸어놓고 여치가 오기를 기다렸고, 어른들은 가내 부업으로 밀짚모자를 만들었다. 그렇게 만들어진 모자에 영화필름으로 테를 둘러 모양을 냈다. 완성된 모자는 가벼우면서 시원하고 챙이 넓어 햇볕도 많이 가려주고 제법 세련미도 있었다. 그 폐기된 영화필름 중에는 영구히 보존해야 할 가치가 있는 것까지 섞여 버려져서 영화인들이 안타까워하는 것을 본 적이 있다.

영화를 좋아했던 나는 필름에서 희미하게 보이는 영상을 보며 최무룡, 김지미를 찾아보기도 했다. 달리 전통놀이 외에 신문물이 없던 시절에는 영화가 최고의 문화생활이었다. 저녁 무렵이면 읍내 문화극장 스피커에서는 "문화와 영화예술을 사랑하시는 면민 여러분, 오늘은 최무룡 김지미 주연의 〈외나무 다리〉를 상영하오니 절대 놓치지 말고 보러오세요."라는 방송이 흘러 나왔다. 그렇게 몇 번씩이나 재 상영한 필름은 끊어지고 늘어진 것을 고물상에 폐기처분했다. 누군가 아이디어를 내어 모자에 사용한 것 같다.

지금도 농사지을 때나 피서지에서는 모자가 필수품이다. 한겨울이면 눈사람도 밀짚모자를 쓴다. 그 모자가 옛날 장돌뱅이, 보부상들이 썼던 패랭이 모자를 대신했을까.

어릴 적 동네 언니가 이야기를 해 주었다. 어느 마을에 늘 패랭이 모자를 쓰고 다니는 착하고 일 잘하는 머슴 총각이 있었는데 총각은 주인집 아가씨의 아리따운 모습에 반해 남몰래 짝사랑을 했다. 그러던 어느 날 사랑이 병으로 깊어졌던지 그만 죽고 말았다. 이듬해 총각의 무덤가에 패랭이 모자같이 생긴 꽃이 피었다. 사람들은 총각을 생각하며 그 꽃을 패랭이 꽃이라고 불렀는데, 꽃말처럼 '순결한 사랑'이 느껴진다.

벚꽃 모자

영국 여왕이 쓴 모자는 권위와 아름다움의 상징처럼 비쳤고, 테레사 수녀님이 쓴 두건 같은 모자는 거룩해 보였다. 법정스님께서 밀짚모자를 쓰고 산길을 걸어가시는 모습은 무소유를 대변하는 것 같아 존경스러웠다.

모자는 통일성과 소속, 일치단결, 단합된 힘을 보여주기도 하여 프랑스혁명 때 참가한 사람들이 빨간색 원뿔모양의 프리지아 모자를 썼고, 로마에서 자유의 몸이 된 노예들은 자유의 상징으로 썼다고 한다. 요즘 새로운 유행인지 원뿔 모양의 털모자를 많이 쓰고 다녀서 유심히 보게 된다. 우리나라에서 월드컵경기가 열렸을 때 붉은 두건을 두르고 얼마나 열렬한 응원을 펼쳤던가. 혁명에서 응원까지 모자는 종류도 유래도 많다.

예전에는 의관을 갖추고 권위나 위엄으로 썼다면, 지금은 멋과 개성과 기능 등 그 쓰임이 다양하고 종류도 셀 수 없이 많다.

한 학생이 수업시간에 모자를 쓰고 있었다. 선생님은 학생들과 눈을 맞추며 수업을 하기 때문에 모자를 벗으라고 했다. 그러자 학생이 "선생님은 왜 안경을 쓰셨어요?"하고 되물었다. 눈이 나빠서 썼다고 하니 학생이 "저는 머리가 나빠서 썼는데요."라고 했다. 우스갯소리겠지만 진짜 머리가 나쁜 건지, 스타일 때문인지, 반항인지 알 수 없다.

친구는 화가다. 베레모를 쓰고 나가면 화가냐고 묻는단다. 예술가들은 모자를 즐겨 쓰는 것 같다. 지난겨울 내가 뜨개질하여 선물한 털모자도 친구와 손자가 잘 쓰고 다닐 것이다.

친구는 머리숱이 거의 없어 한여름과 한겨울에는 안경을 쓰듯 모자가 필수다. 우리 교수님도 강의실 안에서나 밖에서나 항상 모자를 쓴다. 멋내기인지 특유의 상징인지 감춤인지 모르지만 모자 아래로 보이는 눈빛은 한층 더 예리한 듯 보인다.

오늘은 모자가 필요 없다. 과천 대공원과 경마장에 벚꽃이 만발했다. 머리 위 가득 벚꽃이다. 새까만 나무줄기 끝에 화사한 꽃송이가 달려 너울 화관인 양 한들거린다. 잠깐 피었다가 지는 꽃을 아쉬워하며 꽃가지 아래서 사진을 찍는다. 꽃으로 만든 모자를 쓴듯하다. 꽃은 져도 내 마음엔 벚꽃의 기억이 첫사랑처럼 남아 있듯이, 베레모를 쓰고 느티나무 아래서 소월의 시를 읽던 여고 시절이 벚꽃에 어른거린다.

(2015. 4)

기억의 저장소

 옛집으로 다시 돌아왔다. 시월의 붉은 잎이 창 앞에 가득하고 느티나무 낙엽이 뜰을 덮고 있다. 정자 옆에 심은 느티나무가 아파트 높이보다 더 자랐다. 뒤뜰 네 그루 감나무의 붉은 감들이 집 안을 들여다본다. 밤이 되면 창문에 그림자가 어린다.
 이 아파트에서 십여 년을 살았다. 그리고는 전세를 주고 떠났는데 살고 있는 집이 재건축을 하게 되어 다시 돌아오게 된 옛집이다. 고향집이 아니어도 옛집의 정취를 느낄 수 있구나 싶다. 아파트 관리소에서, 수확한 감을 보관하고 있으니 필요하신 분은 가져가라는 방송을 한다. 이 단지에는 유난히 감이 많다. 크리스마스트리의 등불처럼 붉다.
 알랭 드 보통은 『행복의 건축』에서 집은 기억의 저장소라고 했다. "오랜 세월을 거쳐 그 소유자들은 밖으로 떠돌던 시절을 끝내고 돌아와 주위를 둘러보며 자신이 누구인지를 기억한다. 이 방들은 행복의 증거를 보여주고 그 나름의 방식으로 기여한다."고도 했다.

두 아들도 옛 기억이 나는지 감회에 젖는다. 초등학교 때 창문에 붙여 놓은 해, 달, 별과 스마일 스티커가 아직도 그냥 있고, 소파, 뻐꾸기시계, 책장도 그대로 그 자리에 다시 놓였다며 고향집에 온 듯이 좋아한다. 이 집도 분명 우리를 반겼으리라. 우리의 젊은 날을, 두 아들의 어린 날을 지켜봤을 테니…. 그때는 현관문을 잠그지도 않았다. 아이들이 수없이 들락거리고 도둑도 없었다. 경비실도 바로 뒤에 있어 마음 놓고 살았다.

침대에 누워 창문을 열고 하늘을 본다. 나뭇잎이 하늘하늘 한다고 하니 "하늘이 왜 대답을 안 해요?" 하던 큰아들, 창문 앞에 있는 아기손 단풍을 보고 그림일기를 쓰던 작은아들, 뒤뜰 잔디밭에서 작은아들은 여자 친구와 눈싸움을 하고 배드민턴을 쳤다. 둘은 5년 연애 후 이제 결혼 10년차다. 손녀가 그때의 아들 나이가 되었다. 카레나 오므라이스를 좋아하는 아이들이었지만 시어머님은 좋아하시는 한식 위주로 밥상을 차렸다. 배를 채우기 위해서는 밥을 먹지 않겠다던 큰아들. 그때 나는 맞벌이를 하고 있어서 회사일 집안일에 골몰이 많았다.

맞벌이를 하는 게 주부인 나를 위한 것쯤으로 생각되던 시절이었다. 보수적인 식구들은 내가 직장생활을 하는 게 사서하는 고생쯤으로 생각하는 것 같았다. 회사로부터 두 아들의 대학 학자금을 받고 있어서 나는 책임과 의무감이 컸다. 퇴근이 늦을 때면 부랴부랴 방과 후 독서실에서 공부하는 고3 아들을 데리러 갔다.

서툰 운전이지만 밤중이라 차가 많지 않아 운전이 어렵지는 않았다.

우리 가족은 이 집에서 수많은 이야깃거리를 이어가며 살았고, 두 아들이 성장하고 대학을 마치고 학사장교로 군대에 가기까지 살다가 이사를 갔었다.

옛집에 다시 오니 내 어린 시절의 시골집 기억도 떠오른다. 수없이 넘나들던 문지방과 벌컥 열어젖히던 장지문, 여닫을 때마다 소리 내던 방문 고리, 댓돌을 밟아야 오를 수 있던 마루, 그 끝에 앉아서 하염없이 바라보던 먼 산이 있었다. 뒤꼍에 부는 겨울바람 소리, 문풍지 떠는 소리, 살구꽃 피던 앞마당. 안방 아랫목 지키시던 할머니는 화롯불을 앞에 두고 늘 장죽을 물고 계셨다. 귀가 어두워서 귀에 대고 큰 소리로 말을 해야만 했다. 그 탓에 나는 지금도 연로하신 어른들을 보면 큰 소리가 나온다. 어떤 때는 여기 귀먹은 사람 없다는 핀잔을 듣기도 한다.

아들들은 둘다 결혼하여 분가했다. 모시고 살던 시어머님도 이제 안 계신다. 이 집을 떠날 때는 한적하고 뒤뜰이 넓어 좋다고 정든 집에서 그냥 살자며 남편이 이사하는 걸 반대했고, 다시 돌아올 때는 내가 반대했다. 어머님 기억이 날 것 같아서였다. 지금도 그 방 앞에 서면 중풍으로 고생하시던 모습이 떠오른다. 죄송한 마음에 애써 외면하려 하지만 외며느리로 함께 산 이십여 년이 생각나서 회한이 인다. 살아계실 때는 잘하고 있다고 생각해 죄송한 줄 몰랐는데, 돌아가신 후에는 못해드린 것만 떠올라 그저 후회가 된다.

너무도 아들과 손자들을 사랑해서 동네에서 소문이 나신 분이다. "남편 대신이다." 하며 내내 피우시던 담배 탓이었을까. 부정맥과 뇌경색으로 그토록 사랑하던 손자들도 알아보지 못하고 3년 병고 끝에 세상을 떠나셨다.

이 집은 우리 아들들의 성장을 지켜봤다. 연애가 시작될 때 영향을 주었고 대학생활과 군 입대도 지켜봤다. 그 해 삼월 말, 때아닌 대설로 천지가 설국이 되어 큰아들을 군대에 보내는 섭섭함과 두려움을 봄눈이 달래주었다. 작은아들이 고등학교 3학년일 때는 집 뒤 언덕에서 떨어지는 별똥별을 향해 함께 소원을 빌었다. 키 큰 아카시아 나무가 꽃을 피울 때면 저녁 무렵이나 흐린 날이 더 향기로웠다. 아카시 향이 동네 가득 퍼지는 날엔 아들이 더욱 그리워 편지를 썼다.

정원에 어둠이 깔린다. 별이 총총 얼굴을 내민다. 30개월 후 재건축이 끝나 다시 떠나는 날엔 또 어떤 마음이 되려나.

(2015.12.)

등꽃 그늘에 앉아

보랏빛 등꽃이 늘어져 향기롭다. 등꽃 그늘 벤치에 앉아 그리운 옛 생각에 젖는다.

한동네에 살면서 날만 새면 만나다가 고등학교 진학해 도시로 떠나는 바람에 헤어지게 된 친구가 있다. 동네 소식을 전한다고 밤새워 편지를 쓰고 아침에 읽어보면 그 무렵 유행하던 역사소설과 왕비열전 등을 읽은 탓에 온갖 사자성어며 유식한 문자가 쓰여 있어 다시 풀어쓰느라 편지 쓴 날짜와 부친 날짜가 달라지기도 했다.

어느 날엔 대단한 사건을 편지로 썼다. 우리 옆집 후야네 집에 도둑이 들었는데 후야엄마가 도둑의 손가락을 깨물어 도둑은 도망갔고, "사람 살려, 사람 살려"하는 후야 엄마의 비명소리에 나는 생전 처음 머리카락이 쭈뼛 서는 느낌을 받았다고 적어 보냈다.

또 한 번은 친구들과 마을 뒷산에 올라갔다. 새들이 알을 낳았다고 들여다보는데 한 친구가 이상한 것이 있다고 했다. 가서 보니 급하게 묻은 듯, 옷이며 군화가 보였다. 작업복과 젖은 군화, 평양이라고 쓴 담배와 성냥이 나왔다. 그길로 친구들이 읍내로 가서 신고를 했고 처음 본 친구는 여러 번 경찰서로 불려갔다. 바로 청와대 뒷산에 김신조 일당이 나타났을 때였다. 우리 동네 뒷산은 동해 바다와 연결되어 있었고 밤에는 물론 낮에도 겁이 나서 조심해야 했다. 특히 집안에 월북한 사람이 있는 집은 더욱 겁을 먹고 감시도 당했다고 세세히 적었다.

 겨울 밤 함박눈이 내려 천지가 하얀데 달은 휘영청 밝아 대낮 같았던 날은 박계형의 소설 〈연짓골 연사〉를 읽고 또 읽었다. 눈 쌓인 연짓골이 좋아 보여 겉봉에 이름대신 '연짓골 순이' 라고 적어 보냈는데 잘 받기나 했는지 지금까지 확인도 못했다. 그때는 장난 편지도 많이 하고 심심해서 펜팔도 하던 때라 이름 모를 편지는 되돌려 보냈다. 이름만 알고 주소를 모르면 학교로 보내기도 했는데, 학생과에서 검열을 해서 내용이 좋지 않으면 혼이 나기도 했다.

 친구가 취직을 해서 회사 상호가 적힌 봉투를 받았을 때는 그 한자를 익히느라 손가락에 펜 혹이 생길 정도로 연습을 했다. 지금 눈을 감고 써도 그 글씨는 반듯할 만큼 그땐 쓰고 또 썼다. 이제는 어디에 있는지도 모르는 그 친구에게 마음의 편지를 쓴다.

 #
 친구야. 그리운 시절 아름다운 날들이었다. 사흘에 한 번 오는 우체부를 몹시도 기다렸지. 파월장병 위문편지, 펜팔, 쪽지, 그 시절 소식을 전보나 편지로 전했지. 어느 날은 아카시아 꽃이 필 때인데 쪽지 한 장을 받았어. 나를 늘 생각하는 사람이라며 시원시원한 글씨체로 몇 월 며칠에 너희 집 뒤 아카시아꽃 핀 둑으로 나오라는 편지였어. 가야 하나 말아야 하나 수없이 고민을 하는데 막상 그 날이 되니 단짝 친구가 알기나 한 듯이 같이 가주겠다나. 그 친구의 장난인 걸 나는 까맣게 몰라 어이없게도 혼자 설레고 부끄러워하기까지 했으니….

우리 밭에 가느라 너의 집 앞을 지날 때면 너의 어머니는 삶은 고구마나 홍시를 주셨지. 농담도 잘하고 장난도 좋아하셔서 우리를 늘 웃게 하셨지. 인사를 제대로 안하고 가는 날은 붙잡으러 오셔서 아이들이 놀라 도망가면 저만치서 어머니의 웃음소리가 들렸어. 너를 도시 학교로 보내 놓고 네 생각이 나서 그러신 것을 지금에서야 알겠구나.

너는 특별히 머리 좋고 복 많은 아이로 동네에 소문이 났었지. 내가 학교를 졸업하고 취직을 기다리고 있던 중에, 뭐 흥미 있는 일 좀 없나 놀라운 일 좀 안 생기나 하고 심심해하던 차에 우연히 일간 신문에 난 퀴즈 응모란을 보았다. 나는 동네친구 열 명의 이름을 한 장씩 써서 응모했다. 기대 반 설렘 반으로 기다렸지만 발표일이 늦어 거의 잊어버릴 즈음 신문에 발표가 났어. 몇 명의 당첨자 명단에 네 이름이 있더구나. 내가 당첨된 것보다 더 기뻤어. 너는 행운아였다. 얼마 후 나는 서울로 떠나왔고 기념우표와 얼마간의 당첨금이 집에 도착했다고 들었어. 지금은 없어진 '신아일보' 창간호 이벤트였지. 내가 한 일 중에 제일 잘하고 기억에 남는 일이라고 생각한단다.

 친구야, 이젠 네 소식을 알 수 없지만 그래도 괜찮아. 또 기다리면 돼. 오늘은 아카시아 피던 자리가 아닌 등꽃그늘에 앉아 옛 추억을 더듬는다.

 친구야 부디 안녕.
 친구 외순이가

(2015. 5.)

여름 향기

호젓한 산길을 걷는다. 솔숲에서는 휘이 바람소리가 나고, 진한 솔향기에 심호흡을 한다. 그립던 향기에 전율마저 느낀다.

걸음을 옮길 때마다 싸리꽃, 칡넝쿨에 핀 보라색 꽃, 밤꽃 등 온갖 여름 꽃향기가 난다. 지금은 밤꽃이 한창이다. 무명 실타래를 풀어 놓은 듯 나무를 온통 하얗게 덮고 있다. 깊은 산속 산밤나무 꽃은 향기가 한결 더 그윽하다. 두 팔을 벌리고 온몸을 한껏 부풀려 싸한 산 향기를 들이마신다. 내 몸과 마음에 흠뻑 배이도록.

나는 어릴 때부터 냄새에 유독 민감했다. 생선이 밥상에 오르면 숟가락을 따로 씻어 다른 곳에 올려놓았다. 비린내가 나면 헛구역질을 했다. 밥 먹을 때마다 숟가락 냄새를 맡는다고 어머니에게 꾸중도 들었다. 차를 타면 기름 냄새 때문에 멀미를 한다. 그런 나로서는 이 싸한 산 향기를 맡는다는 것이 얼마나 기분 좋은 일인지 모른다. 내가 기억하는 이 향기는 늘 그리움으로 마음속 깊이 남아있었다.

　여름 방학에 외가에 갈 때면 뒷산을 넘어서 지리실 약수탕에도 갔다. 철분이 많아 위장에 좋고 피부병도 잘 나아 만병통치라고 그곳 사람들은 여름이면 연례행사처럼 찾았다. 어느 해에도 약수를 좀 더 많이 먹으려고 콩 볶고, 엿 사고, 떡 싸서 약수탕엘 갔다. 그 날은 외사촌 언니들과 윗마을 언니 친구와 그 언니 남동생도 함께였다. 언니들은 여고생과 또래의 남학생에게 잘 사귀어 보라며 놀렸다.

　그때는 부끄러움이 많았다. 요즘 학생들처럼 자연스럽게 만나 이런저런 학교생활도 이야기하고, 앞날의 꿈이나 또래의 고민도 나누고, 노래도 함께 부르며 즐겁게 지낼 수 있었을 텐데…. 서로 말없이 산딸기만 따먹고 약수를 떠주고, 앞서거니 뒤서거니 산길을 걸었다. 헤어질 때는 뭔가 아쉬웠다.

　약수탕 가는 길에서 느꼈던 산 향기는 지금도 코끝이 싸해질 만큼 선연하다. 칡넝쿨이 뻗어 나오는 길섶엔 청 보라색 산도라지 꽃이 수줍게 피었고 산딸기가 무르익어 손바닥 가득 따서 한 입에 털어 넣기도 했다. 먼 곳에선 뻐꾸기가 울어대던 그 길 따라 나는 외가엘 자주 갔다.

　방학해서 갈 때마다 내 이름을 부르며 반갑게 맞아주던 언니들도 보고 싶다.

　"에게 순이라?" "순아 어서 온나." 하며 안아주고, 닳아서 삐뚤어진 놋숟가락으로 감자껍질을 긁다가 손등과 발등에 붙여놓고 사마귀가 생겼다고 장난도 했다. 언니들은 내가 속아 넘어 가는 걸 재미있어 했고, 나는 진짜 사마귀가 아니라서 다행이라고 여겼다. 머리 땋아 내리고 디딜방아 찧으며 무엇이 즐거운지 깔깔 웃던 언니들, 지금은 어디에서 손자 손녀 재롱 보며 웃을까.

앞개울 둑 연자방아 있던 자리에 어느 날 원두막이 지어졌고 토마토 밭이 생겼다. 우리는 토마토를 한 소쿠리 가득 따서 양푼에 담아 둘러앉아 먹었다. 친구들과 앞개울에서 돌을 들추어 가재를 잡아 삶으면 빨갛게 익은 가제 몸처럼 우정도 빨갛게 익었다. 마당에 멍석 깔고 누워 별을 헤며 오빠 책꽂이에서 삼국지를 꺼내 읽으면 여포와 초선이의 대목이 제일 재미있었다. 토마토 밭, 앞개울, 마당이 눈앞에 있는 듯, 그림처럼 펼쳐진다.

깊고 푸르른 산사 가는 길, 그 향기로운 길에서 사람들은 스스로 마음을 정화하고 심중에 짐을 내려놓고 자비와 깨달음을 기도하는가 보다.

청아한 산 향기가 내 몸과 마음에도 배어든다. 온 천지가 푸르른 초여름이듯, 나도 그 푸름에 물들고 싶다.

어머니 따라 외가에 가던 길이 초여름 향기처럼 내 마음에 깊숙이 스며든다.

(2012. 6.)

좋을 때다

 푸르다. 눈이 부시다. 흐르는 강물과 푸른 산이 전부다. 낯선 곳에 왔다. 영동 월류봉이라고 한다. 천지에 이런 곳이 있었나. 탄성이 절로 나온다.
 동서로 뻗은 여섯 개의 산봉우리가 병풍 같다. 이름처럼 달이 머무르는 봉우리다. 청산이 월류봉 정자를 거느리고 우뚝 솟아있다. 궁궐에서 보았던 일월오봉도를 연상케 한다. 직립한 절벽에 걸려있는 달, 오늘밤은 초이레 달이다. 월류봉 아래로 금강 상류의 한줄기인 초천강이 흐르고 강변에 비친 달빛 또한 아름답다 하니 그 정경이 보고 싶다.
 조선 후기의 문신 학자인 송시열의 유허비가 있다. 이곳에 서재를 짓고 강학하였다. 고종 12년에 후손과 유림들이 건립하였다고 한다. 정자각을 바라보며 어렴풋이 그분의 숨결을 느낀다.
 둘레길을 걷는다. '여울물 소리길'이다. 흐르는 물소리가 가슴으로 스며든다. 앙증맞은 주름꽃이 길섶에 피었다. "나는 너를 잊지 않는다."고 꽃말을 전한다. 나무다리를 건너다 강물을 내려다보니 충청도 아줌마가 다슬기를 잡고 있다. 한 마리씩 찾아서 잡고 있으려나. 물결이 어른거려 얼마나 힘이 들까마는 그래서 이곳에는 다슬기 식당이 유명하다고 한다. 천천히 걸으며 깊은 숨을 쉰다. 자연의 숨결을 따라 걷는 길 그들이 전하는 이야기를 듣는다.

구간마다 들려주는 글귀가 있다. 난간 위 조각이듯 높이 남겨 놓은 글을 읽으며 입 꼬리를 올린다.

"꽃길만 걷자." 그래 아직 나의 날개, 다리는 괜찮아. 속도는 중요치 않아. 가다보면 다다르리라. 여기까지 오면서 깔딱 고개도 있었고 너덜겅 길도 있었지. 넘어져 죽을 고비도 있었지만 견디고 버티어 여기까지 잘 왔다. 이제는 걷고 싶은 길을 걸으리라.

"함께 걸어요." 저만치 선배 선생님이 천천히 따라 오고 있다. 자꾸 나이 탓을 한다. 이 나이에 오지 않으면 언제 오겠다는 것이냐며 스스로 알아서 나름대로 남과 비교하지 말고 내 삶을 살아야 한다고 나에게 말하듯 다짐을 준다.

"웃어요, 당신" 여고시절 잘 웃어서 스스로 '정숙하자' 써놓고 웃음을 삼간 적이 있었다. 그래서인지 내 얼굴에 우수가 있다는 사람도 있었다. 지금은 웃음이 보약임을 안다. 웃으면 복이 오고 만병에 치료약이라고도 한다. 세상에 상처 없고 걱정 없는 사람이 있을까만 늘 웃을 수 있기를 바라며 '호이, 쿠키' 하며 웃어본다.

마지막 산책로에 걸린 글귀이다. "좋을 때다. 우리" 그 앞에선 제일 신이 났다. 입 속에서 이 말이 자꾸 굴러다닌다. 좋을 때가 따로 있나. 지금이 좋을 때가 맞지만 좀 더 젊었더라면 더 좋을 때가 아닐까.

젊은 날 후암동에 살 때다. 두 아들을 업고 걸리며 한참 아래에 있는 시장을 봐서 언덕을 올라오고 있었다. 계단 위에 할머니가 앉아서 힘들어 보이는 나를 보며 "새댁! 지금이 좋을 때야."라고 해서 위로의 말이려니 했다. 지금 돌아보니 오직 가족들을 위하는 일념으로 힘들었지만, 당연히 해야 하는 일인 줄 알고 열심히 살았던 그때가 좋을 때가 맞다.

열심히 살았기에 여기까지 잘 왔다. 이제 책임과 의무를 벗어나 나에게로 돌아와 나를 위하는 시간이 주어졌다. 나이 듦은 자유라고 했던가. 자연은 할 일을 다 한 사람에게는 관심이 없다고 한다. 100세가 되신 김형석 교수는 살아보니 65세에서 75세가 가장 좋을 때라고 했다. 성장기라고도 했다.

구순의 어머니는 내가 뜨개질을 한다고 하니 노인이 무슨 뜨개질을 하느냐고 하셔서 놀랐다. 나는 나이를 잊고 사는데 사람들 눈에는 노인으로 보이는지도 모르겠다. 설 쇠는 동네만 다녔느냐, 언제 나이를 그리 먹었느냐 하시는 어머니, 딸이 언제나 젊고 건강하기를 바라는 마음이다. 내일 일을 나는 모른다, 예전에는 내일 또 내일하며 살았고 이제는 오늘 또 오늘이다 하며 산다. 이대로 여자 어른으로 살고 있다.

노천명의 시 〈푸른 오월〉의 한 대목이 떠오른다.

　기인 담을 끼고 외따른 길을 걸으며걸으며/ 생각은 무지개처럼 핀다.// 풀 냄새가 물큰/ 향수보다 좋게 내 코를 스치고/ 청머래 순이 뻗어 나오던 길섶/ 어디에선가 한나절 꿩이 울고

천천히 숨결을 고르며 언덕길을 오른다. 아직 나는 자라고 있다. 낯설어서 좋았고 새롭게 경험할 미지의 세계에 설렌다. 때는 오월이다. 좋을 때다

(2019. 5.)

시를 낭송하며

손바닥을 펴본다. 손금이 '시' 자로 보인다. 누군가의 손바닥엔 M이나 川이 그려져 있겠지만 내 손바닥의 글자는 유달리 선명하고 반듯하다. 흔히 손금은 운명이라고도 한다. 그 말을 믿는다면 내 손바닥의 '시'는 시(時)에 따라 살란 뜻인가, 시(詩)처럼 살란 뜻일까. 삶은 시(詩)를 품고 있다고 보아도 좋을까.

시를 쓴다는 것은 "세상과 이웃을 섬기고 모시는 일, 귀 기울여 그 울음소리를 듣고 손을 내밀어, 앓는 상처를 보살피는 일"이라고 배웠다. 시낭송반이 설강되었다는 소식을 우연히 들었다. 친구와 등록을 했다. 호기심과 기대도 있지만 적성에 맞을지 걱정도 됐다.

반원들에게 낭송 실전을 연습시키는데 선생님의 목소리와 분위기, 표정과 발음은 초보자인 나는 흉내도 못 낼 만큼 아름답다. 시 300편을 암송한다는 선생님은 오랜 세월 닦아온 실력과 타고난 목소리가 한 몫 하는 것 같다. 그저 내 나름으로 암송만 하고 시를 이해하는 쪽으로 만족하리라 마음을 먹는다. 첫 날 배운 시가 좋아서 암송을 했다. 둘째 날 상으로 시집 한 권을 선물로 받고는 암송에 자신감이 조금 생겼다.

지난여름 경북 도민회 행사로 도청 가는 관광버스 안에서 어느 분이 노래 대신 장시하의 시 〈돌아보면 모두가 사랑이더라〉를 낭송하는데 참 듣기 좋고 신선했다. 그냥 굵직한 목소리로 꾸밈없이 낭송하는 것이 좋았다. 앙코르를 받으니 도종환 시 〈바람이 오면〉을 한 번 더 낭송했다. 산책길에 얘기를 나눠보니 어느 날 심한 감기로 목이 아프더니 목소리가 나오지 않더란다. 답답한 마음에 좋은 시를 매일 베껴 쓰는 연습을 했다고 한다. 그 후 목소리는 돌아왔지만 노래를 부를 때 높은 음이 올라가지 않아 시 낭송을 하게 됐다고 한다. 내가 생각했던 시낭송은 꾸민 듯한 목소리와 가수처럼 의상을 입고 조명을 받으며 연출하는 것인 줄 알았는데 참 자연스럽게 시가 전달되었다. 그런 경험이 있었기에 오늘 이 자리에 온 것인지도 모르겠다.

시를 암송하는 것이 과연 좋기만 한 건지는 모르겠다. 내가 하고 싶은 얘기를 이미 했고 쓰려고 하면 알고 있는 시가 먼저 떠오르기 때문이다. 푸른 산을 바라 볼 때면 저절로 "산아 푸르른 산아" 하고 박두진의 시 〈청산도〉를 읊조린다. 귀뚜라미 소리를 들으면 "이 밤사 귀뚜리도 지새우는 삼경인데…" 하며 조지훈의 시 〈승무〉를 읊조리게 된다. 눈이 내리면 또 백석 시인의 "눈이 푹푹 쌓이는 밤 흰 당나귀를 타고 산골로 가자/ 출출이 우는 깊은 산골로 가 마가리에 살자"라는 〈나와 나타샤와 흰 당나귀〉를 읊조리겠지.

그때 만난 그분이 고맙다. 전문가처럼 세련된 외양은 아니더라도, 출석 횟수가 거듭될수록 나도 자연스럽게 낭송해보고 싶은 마음이 슬그머니 생긴다.

선생님이 한 사람씩 반원들 앞에 세워 연습을 시킬 때면 웃음이 끊이지 않는다. 높일 때 낮추고, 쉬어야 할 때 가고, 천천히 읊어야 할 때 급히 가기도 한다. 소심한 목소리가 있는가 하면 아예 훈련이 된 듯 다듬어진 사람도 있다. 어느 모임에서 임태주 시인의 〈어머니의 편지〉를 한 대목씩 읽은 후 잘 읽었다며 나를 지목하여 다른 시를 또 읽게 했다. 그동안의 배움이 나도 모르게 배어 나오지 않았나 생각해 본다. 요즘은 시낭송이 대세인가보다. 이런저런 모임에 참석하다보면 시 낭송가가 한두 명쯤은 꼭 있다.

선생님이 〈승무〉를 낭송하실 때는 황촛불을 켜고 전깃불을 끈다. 보지 않고 오로지 귀로만 듣는다. 감은 눈앞에 승무가 어른거린다. 이런 게 낭송이구나. 또 한번 느낀다. 시는 노래다. 운율이 있고 리듬이 있다. 귀로 들을 때 더 울림이 크다.

이밖에도 시의 효과적인 표현으로 클라이맥스 살리기, 감정 바꾸기, 감정 토해내기, 머금고 들어가기, 울려 퍼지기, 알수록 어려워지는 부분도 있지만 하다보면 조금씩 터득이 되리라. 나는 사투리를 자주 사용하고 배에서 나오는 소리를 내는 게 아직 서툴지만 이 또한 꾸준히 갈고 다듬는다면 조금씩 나아지지 않으려나.

오늘은 문정희 시인의 〈찔레〉를 연습하러 간다.

(2018. 10.)

제 3 부

붉은 바다

나도 얼마나 더 쓸리면 이 돌처럼 될까.
내 삶도 세상이라는 파도에 시달리며 여기까지 왔을진대
얼마큼이나 둥글어졌을까.
십년 후의 나의 모습은 또 어떨까 하는 생각에 잠긴다.
그러는 사이 파도가 끌고 온 모래가 들어와
반바지의 앞 뒤 호주머니 네 개가 모래주머니가 된다.
간신히 물속으로 가서 모래를 비운다.
순간 개운함을 느껴 훌쩍 뛰어 본다.
기분이 좋다.
짐을 벗은 느낌이다.

-본문 중에서

푸른 언덕의 노래

　청라 언덕이 궁금했다. 학창 시절 봄이 오면 으레 불렀던 노래 〈동무 생각〉에 나오는 그 언덕을 이제껏 궁금한 채로 지냈다. 그 풋풋하던 여학생의 손녀가 벌써 열두 살이 되었다.
　마침 '수필의 날' 행사가 있어 대구엘 왔다. 프로그램 답사 코스에 '청라 언덕'이 있어 반가웠다. 행사 첫날은 시상식과 아울러 시와 수필 낭송을 들으며 문향에 젖어 하루를 보냈다. 수상자인 반숙자 수필가 님의 〈이슬의 집〉과 고동주 수필가 님의 〈동백의 씨〉는 수상작답게 울림이 컸다. 〈이슬의 집〉은 과수원에서 소독약을 저으며, 하늘을 보고 산을 보고 잠자리의 춤을 보며 명상에 잠기는 이야기다. 〈동백의 씨〉는 조실부모한 고아 남매의 이야기가 애틋하다. 작가의 사촌 여동생은 숙모 집에 얹혀사는 처지라서, 텅 빈 호주머니로 차비도 변변히 없이 귀대하는 오빠를 보니 막막했다. '동백의 씨'가 떨어진 이삭을 주워 팔아서 갚겠다며 동네 아주머니들에게 애원해서 어렵게 돈을 빌린 여동생은 뱃머리를 향해 달린다. 눈물범벅이 된 아이는 손에 꼭 쥐었던 돈을 오빠에게 전해주고는 자신들의 처지를 생각하며 파도처럼 흐느낀다. 두 고아의 가엾은 눈물을 보고 "나룻배의 일행도 갈매기도 울어주었다."는 대목에선 목이 메었다. 실컷 울고 싶었다. 비누는 몸을 씻고 눈물은 마음을 씻는다고 했듯이, 마음이 한결 더 맑아지도록 눈물이 흐르게 두었다.

새벽 세 시께 눈을 떴다. 방이 더워 안쪽 창문은 아예 열고 바깥 창문도 엇갈리게 열어놓았다. 문득 달님이 찾아왔다. 삼월 열아흐레 달빛이 은빛 구름을 데리고 내 방 앞에 왔다. 달님을 보라고 두 문우를 깨우지만 비몽사몽 반응이 시원찮다. 손님처럼 찾아온 달님이 반갑고 고마우시다. 문우들이 잠든 곁에 호젓이 앉은 나는 달님과 마주보며 한참동안 이야기를 나누었다. 갑자기 시인이라도 된 듯, 날밤을 새워도 좋을 것 같았다. 저 달님도 새벽이면 슬머시 자취를 감추겠지.

드디어 다음 날, 청라 언덕으로 향했다. 소풍을 가듯 도시락을 들고 언덕을 올랐다. 청라, 그 뜻을 생각하며 푸른 담쟁이가 많지 않을까 막연히 생각했었다. 그런데 막상 보니 동화 속처럼 예쁜 서양식 작은 집이 있고 담쟁이덩굴이 아직은 작은 손으로 그 벽을 오르고 있다. 푸른 담쟁이가 건물을 덮고 있어 청라 언덕이라 했다지만, 대구에 사신다는 수필가 한 분은 가을이 되면 홍라 언덕이라 부른다고 한다.

돌 위에 새겨진 노래비를 본다. 대구가 낳은 한국근대음악의

선구자인 박태준 선생의 연애사를 이은상 시인이 시로 쓰고 다시 곡을 붙였다. 가곡의 작사자도 작곡자도 모두 떠나간 지 오래지만 사랑과 그리움의 노래는 사람들의 마음을 촉촉이 적시며 흐른다.

  최초의 개신교 교회라는 대구 제일교회의 높은 첨탑 위로 흰 구름이 흐른다. 계단 위에는 연푸른 잎이 달린 나무와 붉은 꽃무더기가 화창한 봄 햇살에 눈이 부시다. 그 속에 붉은 옷을 입은 나마저도 꽃무더기 같다. 우리는 그 언덕에서 〈동무 생각〉을 소리 내어 불렀다. 지금 내 옆의 동무를 생각하며 '네가 내게서 피어날 적에 모든 슬픔이 사라진다.'라고.

  내려오는 길, 구십 계단마다 태극기가 나부낀다. 3.1 운동의 거센 물결이 흐른 곳이다. 그 끝에서 계산성당과 민족시인 이상화 시인의 고택을 본다. 두 개의 뾰족탑이 서있는 계산성당에서는 박정희 전 대통령과 육영수 여사가 결혼식을 올렸다. 주례사에서 '육영수 군과 박정희 양'으로 불려 웃음바다가 되었다고 한다.

  이상화 시인도 이 성당에서 '시적 영감'을 얻었다. 애국심과 나라 잃은 설움에 사랑하는 아내를 일찍 잃은 슬픔까지 겹쳐 절절했을 한 청년의 고뇌가 전해진다. 학창시절 〈빼앗긴 들에도 봄은 오는가〉라는 시를 무슨 뜻인지 알기보다는 그저 좋아서 무턱대고 외웠다. 보리밭이 물결치는 오월의 들길을 걸을 때면 그 분이 있어 들녘에 봄이 왔다고 생각하며 그의 시를 읊조렸다.

나는 온 몸에 햇살을 받고/ 푸른 하늘 푸른 들이 맞붙은 곳으로/ 가르마 같은 논길을 따라 꿈속을 가듯/ 걸어만 간다.// (중략) // 고맙게 잘 자란 보리밭아/ 간 밤 자정이 넘어 내린 고운비로/ 너는 삼단 같은 머리를 감았구나/ 내 머리조차 가뿐하다.

시구가 떠오르는 대로 토막토막 뇌어본다. 시인의 대표작 〈나의 침실로〉는 학생들의 짓궂은 질문에 젊은 선생님이 수업 중에 얼굴을 붉혔던 기억이 난다. "수밀도의 네 가슴" "나의 아씨여, 너를 부른다."라는 시구는 곧잘 연애편지에 인용되기도 했다. 그 시절 이상화 시인이 너무도 훌륭해 보였고 어느 시인보다도 멋있어 보였다. 43세의 짧은 생을 살면서 조국의 참담한 현실과 수많은 변절자에 대한 슬픔을, 그 울분과 통곡으로 시를 썼다.

"그 버들은 지금도 있지만 기억의 많은 부분 뜯겨져 나가거나 재정비되었고 잦을 듯 멀리 남은 〈동무 생각〉 노래에 옛 대구의 사랑 이야기 까불어 놓지만 옛 기억 적시던 냇물은 이제 없다."고 한 이하석 시인의 글을 읽으며 아쉬운 발길을 돌린다.

서울 연신내에서 온 선배님 한 분은 만난 기념이라며 시집 『새벽달』을 주셨다. 새벽달이라니, 우연이라고 보기엔 너무 신기했다. 지난밤에 내가 밀월을 즐겼던 달의 이미지와 같을까 다를까. 얼핏 읽다가 궁금한 대목을 물으니 독자 몫이라고 말을 아낀다. 그리고는 내 귀에 대고 낮은 목소리로 노래를 불러준다. "지금 그 사람 이름은 잊었지만, 그 눈동자 입술은 내 가슴에 있네."

그분의 시 〈그때 그 사람〉에는 "옛날은 나일 먹어도 늙질 않는가/ 귀엔 듯 스며드는 나지막한 휘파람 소리/ 빗금 긋는 별똥별 한 잎 차웁다."라는 구절이 있다.

   이번 행사의 주제는 '사람과 사람을 잇는 수필'이다. 자연과 사람, 사람과 사람의 만남에서 이야기가 생기고 추억이 만들어진다. 문향(文香)과 월향(月香)과 인향(人香)에 취했던 시간들이 청라언덕에 오랫동안 훈향으로 남으리라. 천지에 봄이 피었다.

(2017. 4.)

무릎

낙타가 사막을 잘 건너는 것은 무릎을 꿇을 수 있기 때문이라고 한다. 거센 모래 폭풍이 몰아칠 때는 가만히 엎드려 폭풍이 지나가기를 기다리는 것이다.

말은 선 채로 타지만 낙타는 무릎을 굽혀 주어야만 사람도 짐도 실을 수 있다. 용서를 구할 때도 무릎을 꿇는다. 옛날 장수들은 무릎 꿇고 사느니 서서 죽겠다고 하며 무릎 꿇는 것을 대개는 항복 또는 굴종으로 여겨 치욕스러워 했지만, 자의로 하는 것은 존경이나 감사 또는 겸손의 표현이 된다. 어떤 연예인은 자기의 공연이 끝나면 항상 관객들에게 큰절을 올린다. 가장 낮은 자세로 감사를 전하는 것이다. 엎드려 들으면 박수소리가 훨씬 더 크고 감동스럽다고 한다.

무릎키스라는 게 있다. 어느 드라마에서 시한부 생명을 사는 여인을 애틋하게 사랑하는 연인이 마주 무릎을 꿇고 키스하는 장면을 두고 하는 말이다. 무릎을 꿇은 모습은 아름답다. 이렇듯 남자들이 연인에게 프러포즈할 때, 사랑을 고백할 때도 무릎을 꿇는다.

그런데 내가 보고 느낀 무릎은 그 의미가 사뭇 다르다. 어릴 적에는 엄마무릎에 앉았고, 더 커서는 무릎을 베고 누워 옛날얘기를 들었고, 그 다음엔 무릎 굽혀 큰절로 세배를 올렸다. 아들들을 키우며 제일 먼저 한 일은 할아버지 제사상 앞에 무릎 굽히는 큰절을 가르친 것이다. 외아들인 남편은 일찍 돌아가신 아버지 제상 앞에 두 아들에게 큰절을 시키며 대견해했다. 가장 낮은 자세로 공경의 예를 올리는 것이다.

어릴 적 내 아들의 무릎은 성한 곳이 없었다. 빨간 머큐로크롬이 항상 발라져 있었다. 하기야 흉터 없는 무릎이 있을까마는 넘어지면 무릎부터 닿아 깨진다. 무릎이 머리와 가슴의 보호막이 되어준다. 양 손이 가장 중요한 부분 가까이에 있어서 보호하듯이.

며칠 전 TV에 안동포 기능보유자이신 종이모님이 나오셨다. 안동 길안에 있는 '안동포 전시관'에 소속해 계시는 안동포 기능보유자이시다. 한눈에 봐도 엄마와 많이 닮으셨다. 모 방송국의 프로인 〈한국의 재발견〉에서 진행자와 인터뷰할 때 베 짜서 6남매 공부시켰다고 하시던 말씀에 나는 불현듯 엄마의 무릎을 떠올렸다. 어릴 적 본 길쌈하는 엄마 무릎은 항상 맨살이었다. 삼을 입으로 가늘게 갈라 무릎에 비벼 삼을 잇는 작업을 하기 때문이다. 한밤중에 깨어보면 그때도 삼을 삼고 계셨다.

우리 동네 앞 학교 가는 길에는 무성하게 자란 삼밭이 있었다. 초등 1학년 때 학교에서 오다가 친구들과 삼 잎자루를 성냥길이 만큼 잘라서 구부려 눈꺼풀 아래위로 눈이 감기지 않도록 고정시키고는 서로 눈딱부리가 된 모습이 우스꽝스럽다고 장난치던 생각이 난다. 어른들은 삼나무를 베어다가 강변 모래밭에서 삼 구덕에 묻고 불을 때며 어떤 방법으로 은근히 찌는 것 같았다. 우리는 삼 껍질을 벗기고 난 하얀 개랍으로 돌을 이용해서 감자도 구워 먹었다.

길쌈하는 엄마 옆에서 놀던 기억뿐이지만 엄마는 베틀에 한번 올라가면 시어머니가 무서워 젖먹일 때만 내려 오셨다며, 어린것을 울려 미안했다고 하신다. 그렇게 짜낸 베가 유명한 안동포다. 올이 곱고 색이 아름다운 여름철 옷감이지만 이제는 생활양식이 변하면서 수요도 줄고, 값이 싼 중국 베도 많이 들어와서 맥이 끊길 판이라 무형문화재로 보호하고 있다고 한다.

안동은 기후와 토질이 우수하여 삼 재배에 적합하고 베 짜는 기술이 우수하여 조선시대에는 궁중 진상품으로 사용했다고도 한다. 엄마도 얼마간 가지고 계셨는데 내가 고등학교 입학할 때 장에 내다 팔아서 입학금을 마련하시면서도 한 필은 아꼈다가 삼십여 년 전 시집올 때 사위 도포를 해주셨지만 별반 입을 일이 없어 장롱깊이 넣어두고 좀약만 매년 갈아 넣고 있다.

사리사리 그 많은 실 비벼 뽑아내고, 베틀에 올라앉아 수없이 굽히고 펴고 하셨을 어머니의 무릎, 오금 한번 마음껏 펼 날이 있었을까. 다음에 엄마를 만나면 무릎걸음으로 다가가서 엄마 무릎을 정성껏 주물러 드려야겠다.

(2012. 10.)

눈의 두 얼굴

집 앞 공원으로 나왔다. 저녁나절부터 내리기 시작한 눈이 무수히 나부끼며 내려와 쌓이고 있다. 발걸음을 옮길 때마다 부드러운 가루가 흩어진다. 눈의 육각형 결정체는 내리면서 그 형체가 변해 같은 모양이 하나도 없다고 한다. 아름다운 문양이 그렇게 다양할 수 있을까. 자연의 조화가 신기하기만 하다.

눈 내린 고향의 달밤이 그립다. 고향에도 눈이 내리는가. 혼자 사는 이들이 첫 눈이 올 때 가장 외롭다고 한다. 나는 가족이 있는데도 눈 내리는 날은 까닭 없이 외롭다. 친구들도 나처럼 고향 생각을 할까. 이 생각 저 생각으로 눈 덮인 잔디밭을 누빈다. 눈길 위에 내가 남긴 발자국, 잘못해서 기우뚱하면 여지없이 티가 난다. 발을 끌며 걷는 버릇도 그대로 보인다. 다행히 발자국은 가지런하다.

눈이 쌓일수록 눈밭고랑이 깊어진다. 태초에 사람들이 눈밭을 걸으며 얻은 경험으로 밭이랑을 만들고 씨앗을 뿌리는 걸 생각하지 않았을까. 눈밭에 하트도 그려보고 내 이름도 써보지만 곧장 지워지고 만다. 눈은 계속 내리고 자정이 가까워 온다. 눈은 빗소리와 달리 내리면서 주변의 소음들을 흡수한다. 대개 밤새 소리 없이 내려와 쌓여 아침에 창문을 열면 하얀 눈 세상을 펼쳐보이곤 한다.

겨울이 되면 아들에게 장난을 쳤다. 놀란 목소리로 밤새 함박눈이 내렸다고 양치기 소년이 되곤 했다. 정말 밤새 눈이 내린 멋진 날에도 아들은 "안 속아!" 했다. 겨울이 좋은 건 설경이 볼 수 있기 때문이리라.

내 마음은 두고 온 고향마을로 향한다. 눈만 오면 이때다 하고 눈을 뭉쳐 목덜미에 집어넣고 눈싸움을 걸던 친구가 있었다. 평소에는 너무 착하고 순해서 '분단지'라는 별명으로 불리던 친구다. 얼굴이 하얗고 동글해서 분가루 단지 같다는 뜻이다. 늘 썩썩 웃고 다니던 친구였는데 눈이 올 때면 유별나게 눈싸움을 걸었다. 내가 서울로 떠나올 때 받은 편지에 남몰래 좋아했던 것만은 사실이라고 했던 친구, 군대에 가서 나에게 열두 장의 편지를 썼지만 차마 부치지 못했다는 친구다. 그의 옷가게에는 손님이 선호하는 옷보다는 자기가 좋아하는 옷으로 가게를 채운 것 같다고 다녀온 친구들이 말했다. 그도 고향이 그립고 외로웠으리라. 내가 결혼했을 때 나와 똑같은 사람 찾아서 결혼하겠다고 하더니 성은 나와 같으나 나보다 더 좋은 사람과 결혼을 했다. 그런데 그의 딸이 다섯 살 되었을 무렵 저세상으로 가버리고 말았다. 위

궤양이 심했다고 한다. 그의 어머니는 나만 보면 눈물을 흘리며 아들을 그리워해서 후에는 그 집 앞을 피해 다녔다.

법정스님의 〈설해목(雪害木)〉이 생각난다. 한여름 폭풍우에도 꿋꿋하게 견디던 소나무가 눈이 내려덮이면 꺾이게 된다는 글이다.

"가지 끝에 사뿐사뿐 내려쌓이는 그 가볍고 하얀 눈에 꺾이고 마는 것이다. 깊은 밤, 이 골짝 저 골짝에서 나무들이 꺾이는 메아리가 울려올 때, 우리들은 잠을 이룰 수가 없다. 정정한 나무들이 부드러운 것 앞에서 넘어지는 그 의미 때문일까."

눈의 두 얼굴이 안타깝다.

한 마지기 잔디밭에 내린 눈을 밭을 갈 듯이 다 누비고 이제 돌아가련다. 내가 남긴 눈밭의 흔적들이 지워지고 있다. 눈송이가 눈 속으로 들이친다. 눈 덮인 소나무처럼 나도 눈을 가득 썼다.

공원 가로등에 무수한 눈송이들이 하루살이처럼 나부낀다.

(2013. 2.)

내 손 안에 돌멩이 하나

　바다로 간다. 바람은 있는데 뙤약볕이 무서울 정도다.
　어린 시절 여름이면 항상 불볕에 익어 어깨에 물집이 생기고 허물이 벗겨지곤 했다. 요즘 엄마들은 자외선 차단제다 기능성 옷이다 하며 챙기고 아이들에게 심부름도 시키지 않지만, 그때 부모들은 그렇게 여름을 보내야 겨울에 감기가 걸리지 않는다며 예사로 여겼다. 어쩌다 바다에 갈 때면 백사장이 뜨거워 한 발자국도 걷지 못했는데 오늘은 따끈할 정도다.
　유년시절, 일 년에 한 번, 바닷물에 몸을 담가주면 피부병이 예방되고, 뜨거운 모래에 불뜸질을 하면 질병을 미리 막을 수 있고, 약수터에 가서 약수를 먹어 속병을 다스리는 일이 연례행사였다. 지금은 의료보험에 약이 좋으니 굳이 그럴 필요가 없지만 우린 그렇게 자랐다.
　친구에게 고향으로 피서를 간다고 하니 바닷물 조심하고 잘 놀다 오란다. 친구네 고향집 닫힌 대문 너머에는 진분홍 꽃을 활짝 피운 배롱나무만이 빈집을 지키고 있다.

그 친구는 부모님 제사 때 형제자매들이 고향집에 모여서 부모님을 추모한다. 지난봄에 왔을 때는 형제들은 모두 떠나고 혼자 남아있던 친구가 차려준 밥상에 마주앉아 회 무침, 도루묵찌개, 생미역을 맛있게 먹었다. 그 생각을 떠올리며 나는 미소를 머금은 채 돌아선다. 우리가 어릴 때 보던 그 어른들의 모습을 지금, 친구에게서 본다.

티셔츠와 반바지 차림으로 바닷물에 들어간다. 비키니나 민소매 수영복을 입은 사람은 아무도 없다. 젊은 남자들도 모두 웃옷을 입은 채다. 물도 차고 자외선 때문인가. 해변에 사람들은 많지만 물속에는 많지 않다. 우리가 예전에 구경만 했듯이 지금도 그런 것 같다. 드넓은 하늘과 길고 긴 수평선, 쪽빛바다 흰 파도, 갈매기를 그저 바라보는 것만으로도 시원하고 즐거움을 주는 듯하다.

너울성파도가 있어 사람들이 멀리 가지 못하고 물가에서 놀고 있다. 파도가 저 멀리서 물거품을 몰고 오다 스러지면 너울이 된다. 그 파도가 천천히 올 때는 껑충 뛰어 피하지만 키를 넘거나 연이어 올 때면 어쩔 수 없이 넘어질 수밖에 없다. 눈, 코, 귀, 입으로 짠물이 들이친다. 도망쳐 나오는 등을 때리고 뒷덜미를 쳐서 꼬꾸라지지만 왠지 신나고 즐거워 멈추지를 못한다. 쓰고 있던 양산을 놓쳐 파도에 찌그러져서 못쓰게 됐다. 놓친 남편이 원망스럽지만 순식간의 일이라 어이없어 웃는다. 평택에서 왔다면서, 혹시나 잃어버릴까봐 옷을 똑같이 입었다고 웃으며 말하는 다섯 아저씨들은 파도가 덮쳐 고급 선글라스를 잃어 버렸다. 찾으러 다녔지만 정작 본인 것은 못 찾고 남의 것은 다섯 개를 찾았다. 선글라스 세 개는 주인이 나타나서 넘겨주고 나머지 안경 두 개는 모래 위에 꽂아두고 갔다. 파도가 원망스러웠을 안경 주인 생각에 해경에게 맡기며 주인 찾아주라고 부탁을 했다.

한참을 파도타기 놀이를 하다가 물가에 앉아서 쓸려갔다 몰려오는 파도에 내 몸을 맡긴다. 손 안에 돌멩이 하나가 잡힌다. 매끈하고 동글납작하다. 얼마나 오랜 시간 물결에 쓸렸을까. 어느 갯바위에서 물살에 뜯겨 나왔을 때는 돌칼처럼 뾰족했을 터인데 처음엔 구르지도 못했으리라. 점차 수없이 물결에 구르고 쓸려 해처럼 달처럼 몽돌처럼 동글이가 되었으리.

나도 얼마나 더 쓸리면 이 돌처럼 될까. 내 삶도 세상이라는 파도에 시달리며 여기까지 왔을진대 얼마큼이나 둥글어졌을까. 십년 후의 나의 모습은 또 어떨까 하는 생각에 잠긴다. 그러는 사이 파도가 끌고 온 모래가 들어와 반바지의 앞 뒤 호주머니 네 개가 모래주머니가 된다. 간신히 물속으로 가서 모래를 비운다. 순간 개운함을 느껴 훌쩍 뛰어 본다. 기분이 좋다. 짐을 벗은 느낌이다.

하늘과 바다, 수평선을 바라본다. 사람들 모두는 파도에 씻기고 드넓은 바다 푸르름에 물들어 이 순간만은 마음이 깨끗하고 가벼울 것 같다. 나 역시 파도에 휘둘리긴 했지만 나를 받아준 바다에서 맑고 깨끗해지고 새 힘을 받은 느낌이다. 노을을 뒤로 하고 돌아오는 길 열사흘 달이 나를 따라 온다.

(2017. 8.)

미래의 오늘

삶이 그대를 속일지라도 슬퍼하거나 노하지 말라./ 슬픔의 날 참고 견디면 기쁨의 날 오리니./ 마음은 미래에 사는 것, 현재는 한없이 우울한 것/ 모든 것은 지나가고, 지나가 버린 것은 그리움이 되리니.

푸시킨 동상이 있는 공원이다. 고개를 옆으로 하고 눈은 먼 곳을 응시한 채 손을 들어 마치 그의 시 〈삶〉을 말하는 듯하다. 여기는 상트페테르부르크다.

여고시절 이 시를 참 많이도 읊조렸다. 어디에나 이 시가 적혀 있었다. 이발소, 식당, 빵집 등, 우리가 주고받는 편지에도 곧잘 인용되어 저절로 마음에 새겨졌다. 마치 나를 위한 시인 듯 위로를 받았다.

지금 내가 서 있는 자리는 '오늘'이다. 슬픔과 우울의 날을 참고 견딘 그 미래의 오늘인 것이다. 그때는 현재를 사는 것은 연습이라고 생각했고, 미래에는 잘 살 것이라고 막연히 생각했다. 그러다보니 어느새 여기까지 왔다. 지나간 모든 것이 그리움이 되었다.

나는 어머니가 고생하시는 모습을 늘 보며 자랐다. 전쟁이 끝난 직후라서 더 어려웠으며 하루하루를 연명하는 일이 버거웠다. 심지어 참새도 말라 죽는다고 할 정도였다. TV도 라디오도 전깃불도 없던 시절, 전쟁고아나 문둥병 환자도 많았고, 폐결핵이나 홍역 등으로 죽어가는 애달픈 사연도 많았다. 왜 사는지, 무슨 재미로 사는지 궁금했다. 어머니야말로 삶이 그토록 속여도 결코 노하지 않고 등대를 찾고 희망봉을 향해 걸어오신 것 같다. 지금은 "이런 좋은 세상이 올 줄 몰랐다. 오래 살고 볼 일이다." 하신다.

푸시킨은 38세의 나이로 생을 마감했다. 사랑이 그를 속여 슬퍼하고 노하였고, 그 사랑과 명예를 지키기 위한 결투 끝에 극적인 최후를 맞았다. 그래서 우리에게는 참고 견디라고 했을까. 마치 자신의 삶이 그리 될 줄 알았던 것처럼…. 러시아에선 아기가 태어나서 엄마, 아빠 다음으로 많이 하는 말이 국민 시인 '푸시킨'이라고 한다.

러시아는 추운 겨울이 7개월 동안 계속된다. 추위를 이기려고 보드카를 마시고 무릎까지 쌓이는 눈과 영혼의 숲 자작나무가 있어 이곳 사람들에게는 불후의 문학과 그림, 발레 등 예술이 있나 보다. 러시아계 미국인 시인 조지프 브로드스키는 "페테르부르크가 가진 수수께끼는 바로 이 도시가 당신의 영혼에 영향을 주고 당신의 영혼을 형성한다는 것이죠."라고 했다.

　이 도시를 가로지르는 네바강 유람선에 러시아 민요 〈백만 송이 장미〉가 흘러나온다. 유유히 흐르는 강을 따라 이 도시를 눈에 담고 가슴에 남긴다. 파리의 센강에 온 듯한 착각도 들지만 베네치아를 본 따서 만들었다고 한다. 핏자국을 감추기 위해 레드카펫을 깔았다는 완만한 그 붉은 계단을 밟고 왕궁을 오른다. 피아니스트가 〈그리운 금강산〉을 연주하는 가운데 특별한 만찬도 즐긴다. 러시아 정교회의 엄숙한 예배도 참관한다. 세계의 3대 박물관의 하나인 에르미타주 박물관과 왕실의 휴양지라는 여름궁전을 산책하며 내 영혼의 안식과 허기를 채운다는 느낌을 갖는다.

　지금은 미래의 인생을 설계하고 만약을 위해 보험도 들며 살지만 어릴 적엔 '죽지 못해 산다.'는 말을 흔히 듣고 자랐다. 나는 그냥 주어지는 대로 뚜벅뚜벅 살아왔다. 그 시절 영화나 소설은 왜 그리 슬펐던지 숱하게 눈물을 흘리곤 했다. 누구나가 참는 것을 미덕으로 생각하며 살았다. 우리 교실의 급훈도 '인내'였다. 이제는 오늘 행복해야 미래도 행복하다고 생각한다. 푸시킨의 동상을 다시 바라본다. 그때는 그러했고 나는 여기까지 잘 왔다. '오늘'을 감사하며 소박하게 산다. 오늘이 미래다.

(2018. 4.)

나부상(裸婦像)

　대웅전 추녀 밑에 나부상이 앉아있다. 단청을 입힌 연화 조각 위, 머리와 두 팔을 올려 추녀를 떠받치고 있다. 네 귀퉁이마다 표정과 손 모양이 다르다. 강화도 전등사 대웅전에 있는 나부상이다.

　정면 양쪽에 있는 나부상은 각각 무릎을 모아 곧추세우고 있다. 한쪽은 두 주먹을 쥔 채로 또 한쪽은 두 주먹을 편 채로 머리와 두 팔로 추녀를 떠받치고 있다. 뒤쪽에는 각각 왼 손과 오른 손을 한쪽씩 내린 나부가 앉아 있다. 그것은 잠깐이나마 쉬게 하자는 도편수의 배려였을까.

　양손을 쳐들고 있는 모습이 마치 벌을 받는 듯 겁먹은 표정이다. 화가 난 듯, 투정을 부리는 듯, 체념을 한 것처럼 보이기도 한다. 나부상을 만든 도편수는 목각을 정성껏 깎고 다듬으면서 불교의 진리와 여인에 대한 생각을 담아 정교하게 조각했으리라.

　이 나부상 조각에는 전해오는 이야기가 있다. 강화도 전등사 대웅전 불사 중건의 책임을 맡은 도편수가 절 아랫마을 주막의 주모와 깊은 정이 들었다. 노임으로 받은 돈과 귀중품을 맡기며 불사가 끝나면 함께 살자고 굳게 약속도 했다. 그런데 그 일이 거의 끝나갈 무렵 주모는 돈 욕심에 눈이 멀어 도편수와의 사랑을 저버리고 자취를 감추고 말았다. 바다를 건너 육지로 영영 가버리고 말았다. 무슨 피치 못할 사정이 있었기에 그런 모진 배신을 했을까. 믿고 의지한 도편수의 아픔이 오죽했으면 이런 벌을 주었을까.

그 배신감에 도편수는 주모의 형상인 나부상을 만들어 추녀를 떠받치는 형벌을 주었다 한다. 영원히 벗은 몸으로 손, 머리, 온몸으로 추녀를 떠받쳐야 하는 벌, 참 무서운 벌이다. 사랑이 깊은 만큼 미움도 컸으리라. 연민이 느껴지고 그 모습이 애처롭다. 그의 분노, 보복, 애증이 예술로 승화되었다. 이별의 아픔을 그렇게라도 남기고 싶었던 것일까. 못 잊는 마음은 대웅전에서 들리는 부처님의 말씀을 들으며 참회하라고 자비를 베풀었는지도 모른다.

대웅보전 안 삼존불을 모신 불단과 닫집에는 천정을 빈틈없이 메운 단청과 조각이 건축 공예의 극치를 이룬다. 용궁의 물고기, 양각 연꽃, 모란, 당초무늬, 천장을 가로지른 두 마리 용의 위용, 극락조가 있다. 그는 전국에서 으뜸가는 도편수로 뽑혀와 불사에 참여했다. 고향 떠난 외로움으로 주모를 만났고 건축을 책임졌기에 바깥출입이 자유롭지 못했다. 주모는 또 하마 올까 도편수를 마냥 기다리다 지쳤을까. 웅장하고 화려한 공예 건축에는 도편수의 신심발원과 희생 외에도 사랑의 힘이 보태졌을 것이다.

문득 어릴 때 읽었던 현진건의 『무영탑』이 떠오른다. 불국사 석가탑과 다보탑을 짓던 부여 석공 아사달을 향한 아사녀의 애절한 사랑이다, 불사에 방해가 될까봐 문지기는 탑이 완성되면 영지에 비칠 것이니 그때 오라고 거짓을 말한다. 탑과 영지는 멀리 떨어져 있어 그림자가 비칠 리 없다. 아사녀는 달이 뜨면 탑이 비치기를 고대하며 하염없이 기다렸다. 결국 모함에 빠져 영지에 몸을 던진다. 아사달은 자기를 사랑했던 여인을 돌에 새기니 미소로 피어나는 거룩한 부처가 되었다.

사랑은 영혼의 쏠림이며 밖으로부터 우리 안에 주어졌을 뿐 옳고 그름이 누구의 탓이 아니라고 했다. 걷잡을 수 있는 능력도 우리 안에 주어졌다고 한다. '사랑이 어떻게 변하니?' 했는데 지금은 '사랑이 어떻게 안 변하니?' 하고 묻는다. '사랑은 변하지 않는다'에서 '사랑은 변한다'로 시대가 변한 것이다. 변하는 것이 세상 이치고, 덧없음이 세상사다. 사랑은 무소유라고 어느 철학자는 말한다. 그럼에도 불구하고 운명적으로 끌리고 인간적인 정에 끌린다. 사랑은 만들어지기보다 이루어지는 것이라고 했다. 내가 좋아하는 사람이 나를 좋아하는 건 기적이라고 했던가. 사랑의 환상과 모험이 없다면 세상은 또 무미건조하고 지루할 것 같다.

목수가 사랑했던 주모도, 무영탑의 순애보적인 사랑도 없었다면 훌륭한 공예도 문학도 없었을 것이다. 사랑의 힘이 느껴진다.

　산사로 오가는 길은 우람한 나무들로 그윽하고 청아하다. 많은 사람들이 자비와 깨달음의 발원을 담아 전등사를 찾는다. 절에서 한나절을 넘겨 있었다. 수많은 발자국을 따라 어느 목수의 사랑을 생각하며 집으로 향한다.

(2014. 7.)

붉은 바다

　미술전시회가 열리고 있다. 〈인상파의 고향 노르망디 풍경화의 탄생〉전이다. 1850년대의 화가들이 빛이 쏟아지는 야외에서 눈앞에 펼쳐진 풍경을 느끼는 대로 표현함으로써 새로운 모던 풍경을 탄생시켰다.
　모네가 사랑했던 아내 '까미유'가 제일 먼저 눈에 들어온다. 해변의 여왕이다. 빛에 의해 형태는 색감만으로 보여준다. 순간의 인상을 재빨리 표현했다. 야외의 인상, 빛의 흐름과 풍경이다. 트루빌 해변으로 신혼여행을 갔을 때의 그림은 진정으로 행복했을 무렵의 그림일 것이다. 세상에서 가장 사랑받은 화가 중의 한 사람 모네를 사랑했던 여인, 32세의 나이로 짧은 생을 살았으나 영원한 생명력을 부여받은 불멸의 여인이다. 불행했지만 행복한 여인이다.
　청년 화가의 모델이 된 18세 소녀는 화가와 사랑에 빠진다. 가난하지만 행복했다. 사랑받는 여인의 충만감이 한껏 내비치는 그림은 고가에 매매되고 모네는 미술계에 이름이 알려진다. 모네는 연인 까미유의 초상화를 56점이나 그렸고 그녀가 일찍 세상을 떠나게 되자 슬픔에 젖어 식음을 전폐하고 임종 장면을 그림에 담았다. 그림 하단의 친필로 사인한 하트가 처연하다. 이 그림은 평생 팔지 않고 간직했다.

　폴 우에의 〈투루빌 해변 일몰〉도 좋았다. 프랑스 북서부의 자연 속, 노을빛 가득한 투루빌 해변의 하루 일을 마치고 귀가하는 사람들의 모습이 낭만적이면서도 생동감이 느껴지는 그림이다. 해가 지면서 잔잔하게 퍼지는 노을빛은 자연의 빛과 그림자의 대조를 잘 보여준다.

　내가 자란 곳에서 10여 리를 가면 동해바다가 있다. 드라마 〈그대 그리고 나〉의 촬영지다. 우리 동네에서는 바다를 가는 것은 거의 금기가 되어있었다. 옷을 벗고 다니는 곳으로 생각하여 어른들이 가지 못하게 했다. 동네 친구 여럿이서 한여름에 딱 한 번 한적한 산 너머 뒷 바다에만 가는 것이 허락되었다. 그런데 어느 가을날 여고 친구 몇이서 방과 후 가방을 든 채로 바다에 갔다. 해안에는 간첩침투를 막기 위한 철조망이 쳐져있고 백사장 한 곳만 출입이 허락되었다. 마침 군인아저씨들이 배구를 하고 있었고 그들과 같이 배구를 했던 기억이 있다.

　바다는 언제 가서 보아도 좋다. 이해인 시인은 바다를 보며 넓고 푸른 마음을, 수평선을 보며 곧은 마음을 닮고 싶다고 했다. 하얀 포말, 철썩이는 파도소리는 인어공주의 목소리든가, 백사장, 갈매기 떼, 수많은 연인들의 이야기도 있다.

여고 때 반 친구는 총각 선생님을 좋아했다. 어느 날 같이 바다에 갔다. 무슨 이유였는지 신발을 벗어 바다 멀리 던져 버렸다고 했다. 지금 생각해보니 그 아픈 청춘이 아름답게만 느껴진다. 사춘기 소녀의 순정으로 선생님을 사랑했지만 이루어질 수 없음에 사랑을 버리듯 신발을 던져버렸을 것이다. 그 시절 읊었던 "잊어버리자고 바다 기슭을 걸어보던 날이 하루 이틀 사흘….." 어느 시인의 시처럼 버스도 잘 다니지 않던 시절에 맨발로 걸으면서 잊어야 한다고 다짐했으리라.

몇 해 전 바다에 가서 해가 지도록 기슭에 앉아 있었다. 어느 순간 노을이 지는가 싶더니 늘 푸른 줄만 알았던 바다가 서서히 물빛을 바꾸기 시작했다. 해안과 하늘 가득, 노을빛을 받으며 넘실대는 붉은 빛이 구름과 바다에 물들고 있었다. 성난 파도가 갯바위를 사정없이 때리거나 집채만 한 파도가 밀려와 모래사장을 할퀴던 예전 기억의 바다가 아니었다. 파도가 없는 날도 서슬 퍼런 푸른 물이 끌고 들어갈 듯했는데, 부드러워 더욱 넉넉한 바다가 붉은 빛으로 넘실대고 있었다. 오래도록 바라보았다.

나의 얼굴에도 노을빛이 물들었으리. 바다는 생명을 키우고 우리는 삶의 바다에서 하루하루를 키운다. 자주 찾아가진 못해도 내 마음속에는 늘 바다가 있었다. 함께 간 언니와 동생도 드넓은 바다를 보며 가슴을 활짝 열었다. 서로의 마음이 통한 듯 정겨운 얘기도 나누었다. 자주 이렇게 만나야할 사람들이건만 그러질 못했기에 모처럼의 만남이 좋았다. 굳이 지난날의 어려움을 말하지 않아도 이해되고 슬펐던 기억도 잊을 수 있으리라. 노을을 보며 사랑을 고백하면 이루어지고 변하지 않는다고 하듯이. 기슭에는 철도 아닌데 봄 한철 화단에 피던 옥매화 같은 붉은 꽃이 만개해 있었다.

바다에 갈 때면 트루빌 해변의 그림을 떠올리며 일몰을 더 자세히 더 오래 보리라. 모네와 까미유의 애틋한 사랑도 하나의 일몰처럼 내 가슴에 남는다.

나는 잃어버린 첫사랑도 없으면서 일몰에 흘러간 젊은 날의 아쉬움과 그리움에 젖어본다. 일몰은 일출보다 뜨겁고 아름답다. 일몰은 새로운 일출의 예고이다.

(2014. 12.)

딸꾹질

　핸드폰이 울린다. 낯선 번호지만 나를 찾는다는 반가움에 얼른 받는다.
　"잘 계시죠?"
　상대방 목소리를 금방 알아듣고 어디냐고 묻는 내게 그가 어떻게 기억하고 있냐며 그저께 한국에 왔다고 한다. 나 역시도 여전히 밝고 명랑한 목소리가 변하지 않았다며 내일쯤 볼 수 있느냐고 했다.
　얼마만인가, 15년 전 다니던 회사를 갑자기 그만 두고 그는 샌프란시스코로 이민을 떠났다.
　이민 가서 작은 사업체를 운영하였는데 정말 열심히 일하여 집도 사고 회사도 키웠다며 드물게 성공한 케이스라고 한다. 그 목소리, 웃는 모습, 걸음걸이 하나도 변한 게 없다. 서로 변하지 않았다며 한참을 바라본다. 사찰요리를 한다는 한식집에서 몇 시간째 얘기를 나누었다. 먼 곳에서 와서 마주보며 즐거운 얘기를 할 수 있다니 꿈만 같다고, 옛 생각이 새롭다고 한다.

　미국에선 의료비가 비싸서 귀국한 김에 건강검진을 받았더니 그동안 앞만 보면서 너무 열심히 일을 해서인지 허리가 휘어졌다고 해서 웃었다. 그런데 그가 아까부터 자꾸 딸꾹질을 한다. 나를 만나 긴장했나 보다고 하니 가끔 딸꾹질을 시작하면 한 삼 일씩 한다고 한다. 어떻게 그럴 수가 있는지 안쓰럽다. 그것도 삼 일씩이나 하다니, 오래전 TV 프로그램 〈호기심 천국〉에서 본 기억이 나서 내가 고쳐주겠다며 혀를 내밀어 잡아당기면 된다고 하니 차마 내 앞에서 못하겠다고 사양한다. 몸과 마음 어디에서 자꾸 이상 신호를 보내는 걸까.

　딸꾹질은 보통 횡경막이나 호흡작용을 보조하는 근육이 경련 수축을 일으켜서 나는 경우가 많고 이외에도 횡경막을 조절하는 신경기능이 손상되어도 딸꾹질이 난다고 한다. 남성에게서 더 흔하고 지속적이며 재발이 되는 이유는 100여 가지가 넘는단다. 어쩌면 해당 사항이 있을 듯하다. 낯선 타국에서 어찌 애로가 없었을까. 그의 회사 직원들은 주로 멕시코 사람들이라는데 문화 충돌도 있을법하고 서로가 이해하기까지 시행착오도 있었으리라. 그의 특유의 깔끔한 성격에 심리적인 요인인지도 모르겠다.

　이제 모국의 형제자매를 만나고 돌아가면 반가움에 몸과 마음에 걸림이 풀리고 그리움도 해소되어 딸꾹질이 나았으면 좋겠다.

　15년 전으로 돌아가 본다. 송창식 노래 〈우리는〉은 그가 즐겨 부르던 애창곡이다. 과장님의 애창곡을 듣고 싶다는 내 말에 "무슨 과장이냐. 우리는 '동료'지요." 했다. 회식하고 나오면 함박눈이 소리 없이 내려 수북이 쌓였던 회사 뒷골목, 가을이 지나가는 큰 나무 아래 기대서서 모든 해답은 자연에 있다고 순리대로 살아야 한다고도 했었지. 지금 내가 실천하고자 하는 배려하기, 양보, 친절, 감사 들을 그때 좀 더 잘했더라면 훨씬 직장 생활이 즐거웠을 것을….

힘들게 일과를 마친 어느 날 주점 '보물섬'에서 나는 차를, 그는 맥주를 마시며 일찍 돌아가신 어머니에 대해 얘기했었다. 어머니란 말 앞에서는 서로 그리움이 겹쳐 술은 입에도 못 대지만 술을 한 잔 하고 싶다는 생각을 처음으로 했던 기억도 떠올랐다. 괜히 마주치면 웃고 턱없이 좋기도 밉기도 했다. 송별 회식 때 주려고 준비한 손수건은 이별이 싫다고 받지 않겠다고 해서 오랫동안 내 서랍 속에 있었다. 지금 생각하니 농담이었던 듯도 하지만, 사실은 전할 기회를 놓쳐서 전하지 못한 것이다.

그가 떠난 후에도 한동안 어느 가수의 노래를 자주 흥얼거렸다. "당신의 모습이 떠올라요. 날마다 잊으려 했었지만 당신은 지금도 연인처럼 이 가슴에 있어요." 하며. 손 한 번 잡은 적 없고 그렇게 못 잊을 추억도 없지만 만날 수 없는 머나먼 곳에 갔기 때문이리라. 그랬다. 평소 상사라고 하면 지시하고 훈계하는 사람으로 각인되어 있었는데 그와 함께 3년여를 근무하는 동안에는 동료 못지않았고, 내 머릿속에 그가 들어 있었다.

언젠가 내게 보낸 연하장에 그는 '희망'이라고 쓰고 따뜻한 관심과 웃음을 언제나 받기만 했노라고, 자기가 알고 있는 나는 항상 희망을 마음에 담고 있었다고 했었다. 신앙심도 깊어 주님의 은혜에 감사하지 않을 수 없는 삶을 산다며 딸의 이름도 '은혜'라고 했다. 청춘일 때 청춘을 모르고 사랑일 때 사랑인 줄 모른다고 했던가, 어느새 흘러간 세월 옛 얘기만 남았다.

만남의 기쁨 때문인지 많은 얘기를 나누어서인지 가슴이 후련해진 느낌이 들었다. 그는 샌프란시스코에 여행을 오면 꼭 연락하라는 당부를 하고 나는 삼각지까지 배웅을 하고 손을 흔들며 돌아섰다.

어느새 깊어진 가을, 잎 진 나뭇가지 사이에 은빛 초승달이 걸렸다. 언제 또 만나려나. 기약 없는 이별이다.

(2013. 10.)

나무들의 세상과 바다

천리포 수목원에 도착했다. 초가지붕을 본 따서 지었다는 게스트하우스 2층, 설립자인 민병갈 박사의 기념관에는 멸종 위기식물과 희귀식물들을 전시하고 있다.

민병갈 박사는 매일 아침 좋아하는 목련나무 아래로 가서 어머님께 문안인사를 드렸다고 한다. 영면하신 뒤 그 나무도 그의 묘역으로 옮겨졌다. 해안에 밀려드는 조수와 낭새섬 너머로 지는 석양을 바라보며 머나먼 고향 펜실베이니아에 계신 어머님과 형제들 그리고 친구들을 그리워했을까. 유독 목련나무와 호랑가시나무를 사랑해서 오래도록 연구했다는 '목련원'과 '호랑가시 나무원'의 신비스러움을 본다. '마취 목원'은 마비(마취)나무를 전쟁 때 말이 뜯어먹고 마취가 되어 적에게 패배했다는 전설을 가지고 있다. 자생원의 키 큰 나무를 타고 기어오르는 넝쿨식물은 그 나무 덕에 파도 소리만 듣던 바다를 더 멀리 볼 수 있으리라.

가꾼 듯 아니 가꾼 듯 나무가 주인인, 나무가 행복한 수목원, 나무들의 세상이다. 새들의 지저귐과 생기 넘치는 수목들 사이로 부는 해변 바람을 맞는다. 이곳은 단테가 순례 길에서 "한평생 나그네길 전성기에 올바른 길 잃고 헤매며 캄캄한 숲에 서 있었노라."하던 그 숲에서 마침내 다다른 '숲속의 환희' 같다.

빈 집을 지키는 배롱나무는 저 홀로 쓸쓸하다. 붉은 꽃을 한창 피우고 서있다. 언덕 위로 이어진 숲길을 걸으며 해변을 향해 매어놓은 그네 의자에 앉아 바다를 바라본다. 마치 흔들리는 돛단배에 앉은 듯 바다에 떠 있는 듯한 착각마저 일으킨다. 행복한 숲속 나무들과 헤어져 목책을 넘어 해변으로 발길을 옮긴다.

눈앞에 펼쳐진 바닷가에는 해변을 거니는 사람들이 이따금씩 지나가고, 갈매기 몇 마리가 노닐고 있다. 해넘이를 스마트폰으로 찍는 처녀들과 작은 고기잡이배를 앞뒤로 잡고 바다를 향해 걸어가는 청년들도 보인다. 조금씩 밀려오는 조수를 향해 한참을 걸어 들어가 본다. 내가 살던 곳 가까이 있던 동해바다에 비하면 무서움이 덜하다. 파도가 부서지는 갯바위도 없고, 경사가 심하지도 않다. 낭새섬이 방파제가 되어주어 파도가 거의 없다.

물결이 나를 적시러 몰려오면 도망치고, 밀려가면 쫓아가기를 몇 번, 결국 무릎 위까지 옷을 적신다. 왠지 바다는 붐비고 강렬한 태양이 피곤할 것 같아서 젊은이들만 좋아하는 줄 알았다. 철 지난 바다, 황혼 무렵의 바닷가는 또 다른 세상이다. 다시마 줄기와 별 모양의 불가사리도 주워본다. 파도가 쓸고 간 모래 위에 수목원에서 본 연꽃도 그려보고 어둠이 내리는 해변에서 춤도 춘다.

나는 유달리 숲속이나 산길을 좋아한다. 어릴 적 산골에서 자란 까닭일까. 내 고향 뒷산에 오르면 할미꽃, 진달래, 산철쭉이 지천으로 피어있었다. 그때는 참 이상했다. 참꽃인 진달래가 지면 바로 개꽃인 철쭉이 피어서 같은 나무인 줄 알았다. 아무리 생각해도 그런 것 같았다. 어린 마음에 얼마나 신기한지 나만 아는 비밀 같았다. 지금 관악산에서 여린 진달래가 진 다음 또 다른 나무의 산철쭉이 의젓하게 피어 있는 것을 보면 그때를 떠올리며 미소를 짓는다. 새들이 알을 낳고 노루도 살았다. 산나물을 뜯고 패기의 하얀 나물 뿌리는 달콤해서 캐서 바로 먹기도 했다. 미역취, 뚜까리, 산초잎, 잔대잎 등의 산나물은 맛도 좋았다. 나와 엄마가 즐겨 찾던 나물이다. 어린 날 뒷산은 나만의 정원이었다.

사람이 만든 이곳 천리포 수목원의 나무와 숲은 40년 동안 비밀의 정원이었다.

웬만한 나무는 바다에 뿌리를 내리기 어렵다. 그런 척박한 곳에 파란 눈의 이국인이 흙을 날라 언덕을 만들고 나무를 심고 가꾸었다. 사람들은 숲속을 거닐 때 가장 행복하다고 했다. 바다는 고달픈 현실에서 이상의 돛단배를 타고 창창한 꿈의 세계로 나아가게 하는 힘이 있다. 물의 꼬리는 산 위에 두고 뱀처럼 구불구불한 계곡을 흘러내려 강과 바다에 닿는다. 긴 강과 작은 강물 다 받아주는 태고의 바다를 본다. 스스로 정화하고 깊어지는 바다이다.

파도가 금방 지워버릴 발자국을 찍으며 걷는다. 맨발에 느껴지는 모래의 감촉이 자연과 하나 되게 한다. 마음이 하늘로 솟구칠 듯 가볍다. 물새 발자국을 따라 집으로 돌아간다. (2015. 8.)

반지 언니

 구슬이 서 말이라도 꿰어야 보배라는 말이 있다. 비즈로 반지를 만들 때마다 되뇌어보는 말이다. 모든 일에는 완성이 중요하다는 말이겠지만 특히 작은 구슬을 한 접시 담아 놓고 가느다란 줄에 꿰어 반지 하나를 완성시키면 참으로 적절한 비유라는 생각이 든다.
 몇 년 전에 장애우들이 치료 겸 놀이로 비즈 공예를 하는 곳에서 자원봉사를 한 적이 있다. 그때 배운 반지 만드는 일이 지금 작은 취미가 되었다. 시간이 날 때 공방에 달려가서 새로운 모양의 반지를 한두 개씩을 만든다.
 가끔 들르는 보이찻집에는 주로 단골손님들이 찾는데 이름보다 특징이나 사는 지역으로 지칭하는데 아파트 천사 호에 산다고 천사언니, 가게 이름 따서 목화루, 그림을 그린다고 그림언니, 산본 살아서 산본 언니다. 내가 없을 때 나를 무어라 지칭하는지 궁금해서 물었더니 뜻밖에도 반지언니라고 해서 깜짝 놀랐다. 나는 늘 새로운 반지를 만들어 끼고 다니는 편이고, 내 반지를 보고 예쁘다며 갖고 싶어 하는 사람이 있으면 선물도 했더니 반지언니가 되어 있었다. 늘 웃고 다닌다고 해피언니, 항상 좋은 말을 해준다고 럭키 언니라고 불러주는 후배도 있는데 별명이 하나 더 보태졌다.

그 무렵 축구선수 안정환의 골 세리머니인 반지키스, 영화 해리포터의 반지의 제왕 등이 유행해서 그런 이름이 쉽게 나온 것 같다. 그 외에도 "이 또한 지나가리니"라는 유명한 경구가 적힌 다윗왕의 반지도 있고, 반지에 얽힌 이야기는 셀 수 없이 많다. 그만큼 반지는 우리 일상과 너무나 밀접한 관계가 있다. 반지가 귀하던 시절 우리는 토끼풀과 제비꽃으로 풀꽃반지를 만들어 끼고 즐거워했다. 아름다움에 대한 우리의 본능 같은 것일 게다.

수공이 많이 드는 반면 재료는 별반 비싸지 않다 보니 선물하는 데 부담이 없다. 지난여름 팔촌계에 갈 때는 스무 개를 만들어 갔다. 올케언니들이 오빠가 안 해준 반지를 시누이가 해줬다고 좋아했다. 연로하신 팔촌오빠께 끼워드리며 애교 삼아 사랑한다고 했더니 웃으신다. 요즘은 '고객님 사랑합니다'라며 본 적도 없는 낯선 사람이 그 말을 한단다. 참 쑥스러운 말인데 너무 남발하는 것 같다고 한마디 하신다.

해외여행을 같이 간 분에게 선물했더니 친구 문병을 가서 빼주고 왔단다. 아픈 친구가 갖고 싶어 했다며 덕분에 좋은 일 해서 기쁘다고 한다. 반지 언니라는 말을 듣고 더 열심히 선물을 했다.

표현하지 않으면 마음을 모른다. 내가 모신 직장 여상사는 선물은 눈으로 볼 수 있는 마음의 표현이라고 했다. 태어날 때부터 백일반지, 돌반지로 시작해서 때때마다 기념반지가 많다. "액세서리는 사랑받은 여자의 인생을 상징한다."는 어느 소설의 대사처럼 말이다.

1977년 7월 7일 결혼식을 올리고 싶다던 그 남자는 만난 지 한 달 만에 결혼하자며 자기 집으로 데리고 갔다. 방안에 들어서자마자 큰절을 올리라고 해서 당황했지만 절을 하고 나니 시어머니 되실 분이 금반지 한 쌍을 내어 놓으며 끼어 보라고 하셨다. 손가락에 꼭 맞았다. 내심 안 맞을까 염려를 하신 듯 "네가 주인"이라며 좋아하셨다. 예전부터 변치 말라는 의미로 금가락지를 서로 교환했다. 금값이 오른다고 해서 미리 준비해 놓고 주인이 나타나기를 기다렸단다. 쉽게 인연이 나타나지 않아 애를 태운 것 같다. 나를 처음 봤을 때 "이 사람이다."라는 생각이 들었단다. 그런 연유로 만난 지 두 달만에 결혼식을 올렸다.

고집 센 꼬마가 마당가에서 울고 있는데 아버지가 오시다가 애를 왜 울리느냐 하면서 덜렁 안고 마루 위에 올려놓으면 발이 닿지 않아 마루를 굴러서 내려와 그 자리에 도로 가서 울더라는 그 남자, 그 아들도 그 손자도 똑 같이 고집을 닮았다. 어언 삼십여 년이 흘러서 큰아들 결혼할 때 다시 세팅해서 함에 넣어 주었다. 변함없고 마음 좋은 고집도 대물림이 되기를 바라면서.

두 아들이 다 군대에 갔을 때는 장교반지를 커플로 해주어서 제대의 기쁨과 대견함에 가슴이 벅찼었다.

한때는 금반지를 엄마들이 모두 끼고 다녔다. 그러다가 딸들이 은반지를 해주면 좋다는 얘기가 유행이 되어 딸 가진 엄마들이 대부분 은반지를 부적처럼 끼고 다녔다. 이제 금반지 은반지는 끼지 않는다. 부의 상징이 아니기 때문일 것이다. 부담도 없으면서 젊어 보이는 화려한 액세서리 반지를 더 선호한다.

며칠 전 만난 팔순의 어르신은 나와 여러모로 공통점이 많다며 딸 삼고 싶다고 하셨다. 반지 두 개를 선물했는데 송구스러울 정도로 좋아하신다. 다음에는 겨울반지로 빨간 산호반지를 해드려야겠다. 반지로 인연이 더 돈독해지면 좋겠다. 오늘 부처님 오신 날 화두는 '참 좋은 인연'이다. 세상 모든 존재는 반지처럼 둥근 윤회의 인연으로 얽혀 있다. 어르신과 나도 우연인 듯 필연인 듯 맺어진 인연이다. 어르신께서 꽃반지 끼고 환하게 웃는 모습이 곱다.

(2013. 5.)

제 4부

모든 것은 종이 위에서
더 아름답다

나무는 안으로 나이테가 있고,
돌의 나이테는 손금이 없어지듯 밖으로 보이지 않게 닳아진다.
사람은 나무처럼 클 수 없고 바윗덩이만큼 무겁지 못하다.
하지만 생각은 나무처럼 키울 수 있고
바위처럼 무거운 침묵은 가질 수 있다.
여기 거문오름의 분화구도
사람 마음속만큼이나 그 깊이를 알 수 없을 듯하다.
이따금 딱따구리의 나무 쪼는 소리가 맑게 들리고
청아한 새소리는 나무 위를 쳐다보게 한다.
자연을 사랑한다는 것은 사람을 사랑하는 것이다.

- 본문 중에서

아름다운 사람들

하늘호수에 흰 구름 몇 송이가 떠있다. 투명한 볼프강 위에 나도 떠있다. 내 마음도 호수가 된 듯하다.

새벽길을 달려서 잘츠부르크를 향해 왔다. 새벽달님의 안내를 받고 산모퉁이를 돌며 해님과 숨바꼭질을 했다. 거대한 바위 산 위에 며칠 전 내린 눈이 빛난다. 소금의 도시다. 이 도시의 소금으로 옛날 월급을 주었을까. 예전엔 소금이 황금만큼 귀했다. '빛과 소금' 같은 존재가 되라는 말을 많이도 듣고 자랐다.

잔잔한 호수 위의 윤슬이 밤하늘의 은하수가 내려온 듯하다. 지상낙원이 바로 여기였구나. 초원 위에 집들이 그림 같다. 현지 레스토랑에서는 갓 잡은 생선을 제공한다. 주로 이 지역에서 잡은 송어, 잉어, 농어다. 지역 주민들이 신선한 생선을 고급 식료품으로 가공함으로써 현재 여덟 명의 어부들이 이 호수에서 낚시를 하도록 허락받았다고 한다. 거울 같은 강물이기에 송어가 잡히지 않아 낚시꾼이 일부러 물을 흐리게 했다는 말도 있다. 수세기 전에는 물고기가 화폐였다고 한다.

〈사운드 오브 뮤직〉의 '도레미송'이 들리는 듯하다. 자연을 사랑하고 음악을 함께하며 가족이 되어가는 그들의 모습이 감동이었다. 그때 화면 속 황홀하던 장면들이 이곳에 있다. 그들이 많은 사람들을 이 도시로 부른다.

세계에서 가장 아름다운 곳 중 하나로 찬사를 받는 곳, 게트라이데 거리다. 이곳에는 중세시대 글을 모르는 시민들이 물건을 쉽게 살 수 있도록 간판이 그림으로 표현되어 있다. 춤추는 남녀의 그림이 걸려 있는 곳은 춤 옷 가게다. 가지 그림, 물고기 그림은 야채와 생선을 파는 곳이다. 이제는 바꿀 수도 있겠지만 그들은 아직 전통처럼 지키나보다. 전통은 지키는 것만으로도 예의라고 배웠다. 이곳의 말과 글을 모르는 우리도 무슨 가게인지를 알 수 있으니….

거리 어디선가 음악이 흐른다. 화려한 드레스를 차려입은 세련된 사람들이 흥겹게 추는 환상의 왈츠가 눈앞에 어른거린다. 이곳의 노란 건물은 모차르트의 생가다. 지금은 박물관으로 사용하고 있다. 모차르트 얼굴이 그려진 초콜릿 가득한 상점 안, 장난감에서도 〈아이네 클라이네 나흐트무지크(밤의 세레나데)〉가 흘러나온다. 그의 670여 곡 중의 한 곡을 듣는다.

문득 고개를 돌리니 금발의 우아한 외국인이 미소 가득한 얼굴로 나를 쳐다보고 있다. 슬그머니 그녀가 앉은 벤치 옆자리에 앉으니 기다렸다는 듯 큰 품으로 어깨동무를 하며 안아준다. 오랜

만에 만난 반가운 친구처럼 손을 잡고 사진도 찍었다. 맞은편에 앉은 친구인 듯한 중후한 남자분이 만면에 웃음을 띠며 '굿'이라고 한다. 빈에서 왔다는 그들은 분명 우리와 다른 생각을 할 것 같다. '사람은 다 같다. 그러나 다 다르다.'라고 하듯이 우리는 낯선 곳을 즐기지만 이 도시의 사람들은 익숙함으로 이곳의 자연과 음악을 즐긴다. 평화스럽고 여유롭다. 처음 보는 사람에게도 친절하고 따뜻하다. 인간에 대한 사랑이 크다.

외국인들이 우리나라에 와서 문화 충격을 느끼는 것은 어깨가 부딪치고 발을 밟아도 정중한 사과가 없다는 것이다. 화난 사람들처럼 무표정하고 외국인들처럼 안아주는 인사는 망측스럽게 생각하는 것 등등이란다.

나 역시도 그랬다. 어려서부터 부끄러움이 참 많았다. 사람을 많이 만나지 못해서인지 낯선 사람을 보면 숨고 도망쳤다. 누가 쳐다만 봐도 얼굴이 빨개지고 말도 잘 안 나왔다. 낯선 사람을 보고 웃으면 헤프게 보인다고 삼가고 친절하면 오해라도 살까봐 조심했다. 이제는 나이를 먹어서인지 나도 많이 변했나보다. 처음 보는 사람과 격의 없이 어울리기도 하니, 여행이 주는 여유이기도 하리라. 남을 행복하게 해주는 사람이 진정한 예술가라고 했던가. 긴 얘기를 나누지 못해서 아쉽지만 그들의 사람을 대하는 자연스러움을 배우고 싶다. 헨리 롱펠로의 시 〈아름다운 사람을 만나고 싶다〉에서 몇 구절이 떠오른다.

아름다운 사람을 만나고 싶다. / 항상 푸른 잎새로 살아가는 사람을 오늘 만나고 싶다./ 언제 보아도 언제나 바람으로 스쳐 만나도 맘이 따뜻한 사람/ (중략)/ 내면이 아름다운 사람 마음에 들어가서 나도 그런 아름다운 마음으로 살고 싶다./ (후략)

'아름답다'라는 말에는 – '알음(앎)'의 안다, '얼싸 안는다'의 안다, '앓음'의 앓다 – 라는 뜻이 들어 있고 '앓음답다'라고도 한다. 아름답기 위해선 앓아야 하고 눈물이 필요하다고 한다. 이 세상에는 아픔이 참 많다는 것이다. 그래서 엄마는 아름답다. 늘 안아주니까. 아는 것이 힘이고 아름다움이 힘이다. 아름다워지고 싶다.

동화 같은 나라, 모차르트가 영원히 사는 나라다. 비록 외국인이지만 나를 따뜻하게 안아준 인연, 꿈같고 영화 같고 음악 같이 행복으로 이끌어 주었다. 인생의 여행길이 즐거웠다.

나도 누군가에게 적당량의 소금 같은 사람이 되었으면….

(2019. 11.)

거문오름의 신비 속으로

　거대한 분화구 속 열대우림 같은 숲으로 들어간다. 거문오름의 곶자왈이다. 곶자왈은 제주도 말로, 곶은 '숲'을 뜻하며, '자왈'은 '덩굴 따위가 엉클어져서 수풀같이 어수선하게 된 곳'을 뜻한다. 무성한 숲의 생명력이 뒤엉켜 정령들이 살 것 같아 비밀스럽기까지 하다.
　길옆에는 그냥 보기에도 기분이 나쁜 천남성이라는 독초가 있다. 만지던 손으로 눈을 비비면 눈이 멀게 된다고 한다. 다래나무 넝쿨이 원시림처럼 늘어져 있고 수십 미터 깊이의 수직 동굴과 잎 넓은 나무, 사철 푸른 나무가 가득하다. 육지의 산들은 여름에는 숲이 우거져 그 속에 무엇이 살지 몰라 무섭기도 하지만, 겨울이 되면 가랑잎만 쌓여있어 그 안이 훤히 보여 산의 벗은 몸을 보는 듯 마음이 홀가분해진다. 그러나 여기 용암 함몰구에는 일정한 온도와 습도로 겨울에도 푸른 숲이 울창하여 도무지 그 속이 보이지 않을 것 같다. 돌에 이끼가 자라듯 제법 큰 나무가 바위에 붙어서 산다. 나무 기둥에 다닥다닥 작은 잎의 풀이 자라고, 넝쿨이 칭칭 감고 오른다. 모시조개처럼 생긴 큰 달팽이가 여기저기 나뭇잎에 붙어 있다.

　자연의 세계도 우리들의 세상만큼이나 다양하고 서로를 의지하며 어울려 산다. 사람들이 사는 세상처럼 나무가 살고 생태계의 순환으로 종족번식을 한다. 성격이나 성향처럼 각각의 성질이 있고 종류도 다양해서 소나무 같은 재목과 삼나무처럼 피톤치드를 뿜어 치유를 도와주는 나무가 있는가 하면, 욕심껏 가지를 뻗는 층층이 나무도 있다. 아무 나무에나 붙어사는 기생풀과 제거해야 할 독초, 흔히 인생길에 비유하는 가시밭길도 있다.

　나무는 안으로 나이테가 있고, 돌의 나이테는 손금이 없어지듯 밖으로 보이지 않게 닳아진다. 사람은 나무처럼 클 수 없고 바윗덩이만큼 무겁지 못하다. 하지만 생각은 나무처럼 키울 수 있고 바위처럼 무거운 침묵은 가질 수 있다. 여기 거문오름의 분화구도 사람 마음속만큼이나 그 깊이를 알 수 없을 듯하다. 이따금 딱따구리의 나무 쪼는 소리가 맑게 들리고 청아한 새소리는 나무 위를 쳐다보게 한다. 자연을 사랑한다는 것은 사람을 사랑하는 것이다. 나무들은 이곳에서 나고 자라 제 땅을 지키며 묵묵히 살아간다. 그들의 뿌리는 척박한 돌 틈에서 갖은 노력을 하며 물을 찾고, 영양 공급을 위해 뿌리를 더 깊이 내릴 것이다.

　문득 멀미가 너무 심해 차를 타고 십 분 거리도 못 가시는 어머니가 생각난다. 한평생 오직 한 곳에서만 오래된 나무처럼 뿌리

박고 사신다. 교통이 이렇게 좋아지고 어디인들 마음만 먹으면 갈 수 있는 세상이건만 멀미가 심해 집 나서시기가 어렵다. 한번은 어머니 물건이 우리 차에 실려 와 다시 돌아갔을 때 "서울까지 갔다가 온 너는 나보다 낫다."고 하며 웃으셨지만 나는 마음이 아팠다.

 하지만 어머니는 앉아서 듣는 것만으로도 만판 좋다고 하고 TV 보고 책도 읽어 세상을 내다보신다. 오래된 나무나 돌이 영험하다 듯이 어머니도 지혜로우시다. 내가 해외여행이라도 가게 되면 올 때까지 염려가 되어 왜 그렇게 지악스럽게 다니느냐고 나무라지만, 속으로는 어머니가 평생 못해 본 여행을 딸이 하는 게 싫지는 않으신 듯하다. 그래서일까. 이젠 노쇠해져 더욱 붙박이처럼 못 떠나는 어머니의 한을 대신이라도 하듯 나는 여행을 자주 떠난다. 나무들이 나를 보고 뿌리도 없이 떠돌아다닌다고 할 것 같다. 숙명처럼 뿌리를 박고 사는 나무와 바위들이지만 새들이 깃들고 사람들도 찾아오고, 마침내 재목이 되면 그 어디든지 갈 수 있다. 안방 깊숙이 가구로도 오고, 높은 탑이 되기도 한다.

 분화구를 지나오면서 두 번의 풍혈지구를 만났다. 지층의 변화로 생긴 화산암 구멍에서 풍수학적으로 정신을 맑게 한다는 바람이 나온다고 한다. 여름에는 시원한 바람이, 겨울에는 더운 바람이…. 바위틈에서 나오는 시원한 바람에 한참을 머물렀다. 그 사이 우리가 더울세라 시원한 바람을 보내주는 자연의 고마움, 나무들이 뿜어주는 상서로운 기운은 마음을 맑게 하여 마치 딴 세상에 온 것처럼 아무런 걱정 없이 편안하게 한다. 무한한 자연의 생명력을 보고 느끼며, 나무를 좋아하는 나를 보고 선배가 나무처럼 나날이 새로워지고 푸르게 가지를 뻗으라고 한 말이 떠오른다.

　기분 좋은 향기와 청정한 공기, 제주도의 상징 같은 삼나무 숲을 지나니 산수국이 가득 피었다. 꽃잎이 없어 작고 소박한 꽃, 가장자리로 암술과 수술이 없는 가짜 꽃을 화려하게 피워 벌 나비를 부른다는 산수국을 보며, 모든 동식물이 다 그러하듯 제 살 궁리를 하는구나 싶다. 육지에서는 정상에 오르면 언제나 발 아래 높고 낮은 산들이 출렁이듯 보이지만, 여기는 푸른 숲의 바다가 펼쳐져 있어 섬이 주는 낯선 정취가 느껴진다.

　이곳은 아무도 가꾸지 않은 자연 그대로 거문 돌과 나무와 수풀, 그 아래로 흐르듯 지나가는 물로 그들만이 만들어가는 곳이다. 아름답고 신비한 세상 그 안에서 바쁘게 살아가는 현대문명에 지친 이들의 거친 숨결을 어루만져주고 정화시켜 줄 것이다.

　어머니 품속 같은 이곳에서 내 몸도 마음도 한결 가벼워진다.

(2015. 6.)

물의 마을에서

　끝없이 푸른 초원을 달린다. 영국의 시골마을 '코츠월드 바이버리'에 도착했다. 전통의 나라, 신사의 나라, 해가 지지 않는 나라, 여왕이 사는 나라. 우리나라 강원도 같은 곳, 영국 사람들이 가장 살고 싶어 하는 곳 1위라고 한다.
　런던 시내에서 고속도로로 2시간 걸려서 왔다. 자연과 전통이 어울려 아기자기한 마을이다. 600년 전의 돌담과 뾰족한 세모 모양 지붕의 돌집들이 조용하고 들꽃이 피어 아름다운 마을길을 산책한다. 예술가이면서 사상가였던 윌리암 모리스는 영국에서 가장 아름다운 곳이라며 이곳에 정착했다고 한다. 가게에서 '윌리암 모리스 콜렉션' 컵 세트를 선물용으로 몇 개 샀다. 돌로 지은 전통가옥이 옛 모습 그대로 보존되어 있는 곳, 평화롭고 한적하다.
　작은 호텔 정원에서 오늘 결혼식이 있다고 의자를 나르며 준비가 한창이다. 백조 두 마리가 마주하고 있는 그림이 걸려 있는 호텔, 순백의 드레스를 입은 신부와 늠름한 신랑의 웨딩마치와 입맞춤을 상상해 본다. 그곳에서 가족사진을 가이드의 연출대로 찍었다.

　마을을 흐르는 맑은 시냇물은 산도 계곡도 없는데 어디에서 오는 걸까. 숲속에 가로 놓인 통나무 다리, 흔들리는 다리를 아들이 손잡아주고 손자손녀가 아슬아슬하게 건넌다. 주변 사람들이 놀라서 바라본다. 모험심이 이렇게 길러지는가 보다.

　거기서 몇 마일을 또 가니 '버튼 온 더 워터'라는 마을이 있다. 마을 한가운데 맑은 냇물이 흘러 물의 마을이라고 한다. 이곳 사람들은 리틀 베니스라고 한단다. 물가의 푸른 풀밭에 사람들은 앉기도 눕기도 하며 평화로운 시간을 즐기고 있다. 물위에는 백조, 오리, 청둥오리가 노닐고 개도 뛰어들어 함께 노닌다. 수양버들도 제 흥에 늘어져 강물을 만나고 아이들도 들어가 첨벙거린다.

　우리 가족 6명도 물가에 자리를 잡았다. 머나먼 영국 어느 전원마을에서 대나무 피크닉 가방을 열어 김밥과 샌드위치와 과일, 초콜릿을 꺼내어 펼쳐 놓고 물오리들과 함께 소풍을 즐긴다. 손자손녀는 이미 식빵 한 봉지를 오리들에게 던져주고 즐겁게 놀고 있다. 오늘 오리들이 포식을 한다. 그저 푸른 하늘과 흰 구름, 상쾌한 바람, 따스한 햇살, 깨끗하게 흐르는 시냇물을 보며 각자의 시간을 즐긴다. 향수 가게에 들러 장미향수를 바른 탓인가. 이런 낙원이 없고 기분이 더없이 즐겁다. 오리들을 쫓아 다니며 즐거워하는 아이들의 티 없는 모습, 만족하며 바라보는 아비와 어미, 할배와 할매, 이렇게 풍경은 아름답고 마음은 평화롭다.

　끝없이 펼쳐진 초원에 양들과 말들과 사슴이 놀고 군데군데 노오란 유채꽃이 피어 정취가 더하는 곳, 오늘 여기서 자연과 문화를 보고 즐기며 삶을 새롭게 하는 에너지를 얻는 소풍을 한다. 소풍을 마치고 그곳을 떠나며 벤치에 앉아 계신 할머니들을 향해 렌터카 기사가 영어로 내일 다시 보자고 인사하니 만면에 웃음을 띠며 영국 할머니들이 "내일 또 보자고?" 하며 당치않다는 듯 큭큭 즐겁게 웃는다. 그들은 안다. 멀리 한국에서 온 가족이 내일 또 올 리 없고 몇 년 후 다시 온다 해도 그들이 기다려 줄지 모른다는 것을, 할머니들은 내일도 그 벤치에 앉아 또 다른 관광객을 맞을 것이고 어쩌면 그 관광객도 내일 또 보자고 할지 모른다. 그 내일이 내일 또 내일로 오래오래 이어지길 바라본다. 내 어머니도 그러 하시길.

　늘 그렇게 벤치에 나와 노시고 자연 속에서 평화롭게 지내니 그날이 그날 같아서 모습도 매양 같으리라. 그 모습 그대로 '버튼 온 더 워터' 강물이 항상 거기에 머물듯 오래 머물고 계시기를 다시 한 번 기원한다.

(2016. 5.)

모든 것은 종이 위에서 더 아름답다

　회색빛 하늘과 바다, 흩날리는 눈이 전부다. 창문 밖 보이는 것은 눈 덮인 하얀 백사장과 방파제에 부서지는 흰 파도뿐, 긴 해안선과 수평선도 사람의 흔적도 없다. 간혹 새들이 난다.
　어릴 적 눈이 오면 무턱대고 즐거웠다. 눈 이불을 덮은 보리밭을 가로질러 뛰어가도 괜찮았다. 지금도 눈이 오면 행복하다.
　하마터면 못 올 뻔했다. 해일이 일고 바람이 심해 비행기 이륙이 지연되었다. 다행히 그 곳의 하늘이 열렸다. 우리는 지금 니가타공항, 소설 〈설국〉의 고장으로 간다. 하늘은 맑아 내려다보는 산천이 실핏줄까지 보인다. 이곳 공항이 가까워지자 다시 구름이 모이더니 내릴 즈음 하늘 가득 눈이 퍼붓는다.
　천지가 하얗다. 눈의 천국이다. 눈 고장인데도 춥지가 않다. 바람이 없어 쌓인 눈 위에 또 쌓인다. 가끔 큰 나무들이 견디다 못해 스스로 눈 무게를 털면 눈 폭탄이 된다. 전통 일본 옛 정원을 산책하다 눈앞이 보이지 않는 눈 폭탄에 놀라서 달아나기 일쑤다.

니가타에는 35년 만에 5미터가량의 많은 눈이 내렸다고 한다. 그 여파로 좁은 차안에서 가다서다 7시간을 갇혔다. 하는 수 없이 도중에 내려 신칸센으로 바꾸어 타고 삼십 분을 더 왔다. 짜증이 날 법도 하지만 우리는 또 새로운 경험을 한다며 즐거워한다. 이렇게 마지막 밤기차를 타고 소설 〈설국〉의 고장 유자와 역에 내렸다. 가와바다 야스나리가 한 달여를 머물면서 소설을 썼다는 '고반 료칸'으로 간다.

이곳에서 하루에 두 번을 상영해 준다는 영화 〈설국〉을 감상한다. 책의 내용 그대로다. 유리창에 비치는 요꼬의 얼굴과 손가락이 그녀를 기억한다는 장면이 나온다. 두 여인을 마음으로 사랑하지만 그저 그녀들의 행동과 심경의 변화를 거울처럼 자신에게 비춰볼 뿐. 어떤 사건도 특별한 사연도 없다. 만나는 순간부터 서로를 좋아하는 만큼 이별을 염려하고 준비하는 듯하다. 준수한 남자 주인공의 이지적인 모습이 가슴에 남는다.

문득 친척 오빠가 생각난다. 지적인 성격과 외모, 냉정한 모습까지도 주인공과 흡사하다. 여고 입학선물로 "모든 것은 종이 위에서 아름답다"라고 노트 첫 장에 적어서 선물을 주던 오빠다. 바둑을 잘 두고 암기력이 뛰어나 동네에서는 천재로 소문이 났다. 눈을 감은 채 내가 30여 개의 단어를 말하면 녹음된 것처럼 되풀이해 말할 정도다. 아버지가 월북하는 바람에 '연좌제'라는 제도에 걸려 공무원, 세무사 등 어려운 시험에 합격했지만 취직이 되지 않았다. 주역 공부를 해서 뭔가를 간절히 원하면 이루어진다며 종이에 염원을 적어 늘 지니고 다니기도 했다.

　내 기억에 남아있는 청년 시절 그 오빠의 모습은 눈을 감고 명상을 하거나 뒷산을 산책하거나 바둑을 두는 것이었다. 팔촌 오빠 집에 가면 늘 그 오빠가 와서 바둑을 두고 있었다. 머리가 허연 할배에게 불려가서 둘 때도 많았다. 한 집안의 장손으로 누구의 잘못도 아닌데 취직도 못하고 세월만 보내야 하니 얼마나 고뇌가 깊었을까. 아버지 없는 나와 오빠의 처지가 비슷해서인지 늘 좋은 말을 해주었다. 매사에 조심하면서 살라고 일렀다.

　한 겨울 눈 덮인 고향마을, 달은 휘영청 밝아 낮같이 환한데 바둑돌 놓는 소리만 들렸다. 가끔은 웃는 것 같은데 소리만 들리고 표정은 없다. 그 후로 객지에 나가 살고 친척들과 내왕이 별로 없었다. 한 삼 년 전 대구에서 만났을 때 차비도 쥐어주며 반가워 했는데, 만난 지 일 년 후 아침 운동 길에 쓰러져 그만 다시 볼 수 없는 고인이 되고 말았다. "나무나 물건들은 오래될수록 좋은데 사람은 나이 들면 추한 모습이 되는 것이 싫다."던 오빠의 말이 떠오른다. 나는 "나이가 들면 젊음이 나간 자리에 지혜와 성찰이 들어와 오빠는 특히 더 멋질 것이다."라며 걱정 말라고 했건만 이제 소용이 없다.

　처마에 고드름이 수정 주렴처럼 가득 매달린 방, 작가가 앉았던 다다미에 앉아본다. 저 멀리 병풍 같은 앞산을 바라본다. 노벨문학상에 빛나는 불후의 명작을 남겼음에도 작가는 무슨 연유로 자살을 택했을까. 일찍 부모님을 여읜 그는 따뜻한 품속 같은 어머니의 사랑이 그리웠을까. 소설 속에는 유난히 무릎에 기대는 장면이 많다. 그는 지지미를 짜는 것처럼 눈이 내린다고 했다. 눈 위에 펼쳐놓은 지지미는 가와바다 야스나리 작가가 덮고 간 홑이불이었을까.

새벽녘 료칸의 노천탕에 들어가 앉았다. 벌써 눈 위에 누군가 다녀간 발자국이 찍혀있다. 그때 갑자기 새 한 마리가 나를 스치듯 휘익 지나간다. 아직 어둠이 채 가시기도 전인데 어떻게 지나는 길을 알았을까. 부딪치지 않아서 다행이다. 왜 하필 그때 나타났을까. 친구는 춥고 미끄러워 위험하다며 안에 있고 나만 혼자 있는 시간에…. 그는 눈의 천국, 설국의 하늘 위에서 직녀의 지지미 짜는 모습을 내려다보며, 편히 쉬는지도 모르겠다. 나무 위 가득 쌓인 눈 위로 새벽 눈이 계속내리고 있다. 하늘을 쳐다본다, 어디쯤일까.

오빠가 "모든 것은 종이 위에서 아름답다"라고 했듯이 설국의 작가도 하얀 설원의 종이 위에 긴 겨울 동안 짠 지지미를 빛바래기 하는 모습과 아름다운 사랑의 이야기를 펼쳐놓았다.

새파란 하늘과 금빛 햇살, 설원이 눈부시다.

(2018. 1.)

행복 수업

바닷가 바위에 고즈넉이 앉아 있는 '인어공주' 동상을 본다. 아직도 왕자를 그리워하고 기다리는 듯하다. 얼마나 왕자를 사랑했으면 마녀에게 목소리를 주고 그의 옆에 갔을까.

철썩이는 파도소리를 들을 때면 왕자를 부르는 인어공주의 목소리를 듣는 듯해서 쓸쓸함이 느껴진다. 하얗게 물거품으로 밀려와 해변을 훑고 가는 물결에, 모래들이 나비 떼처럼 일어나 따라가다 스러진다. 바닷가에 서면 내가 부르는 목소리는 파도가 삼키고 물결소리만 높다. 멀리 바다 쪽으로 고개를 돌려 바라보는 안데르센 동상은 아직도 청년의 모습이다. 파도 소리를 듣는 걸까. 그의 상상력이 대단할 뿐이다. 지금도 사람들은 인어가 바다에 살고 있을 것이라고 생각하는 것 같다. 실제로 뱃사람들이 인어를 보았다는 얘기가 전해지기도 한다. 동상으로나마 만나 본 것이 꿈인가 여겨진다. 다정하고 유쾌해 보인다. 그의 무릎에 기대어 기념사진을 찍는데, 바다색의 푸른 옷은 사람들이 하도 만져 무릎이 밤색이 되어 있다. 우리는 만나보고 싶은 사람이 있지만 만나지 못하고, 돌아가신 뒤에 동상으로 만나고 책으로 만날 때가 많다.

세계에서 가장 행복하다는 나라 덴마크를 여행한다. "모든 국민은 지붕 아래서 살아야 한다."며 복지가 최고인 나라이다. 그들이 행복하다고 느끼는 이유는 사회 안전망이 탄탄하고, 국가 전체가 개인의 삶을 존중하고 소중히 여기며 교육과정이 잘 구성되어 있기 때문이다. 자신의 일에 자부심을 느끼고 타인과 자신을 비교하지 않으며 이웃끼리 연대하는 문화를 지녔다. 충분히 휴식하고 재충전하는 시간을 가졌다. "행복은 반드시 성공을 불러오므로 행복을 먼저 추구하라." 이 모두를 그들은 학교에서 '행복 수업' 시간에 배운다고 한다. 우리나라 국·영·수만큼 중요한 과목이다. 청렴한 나라, 개인 소득세가 높아도 조세 저항이 없다는 나라다. 복지로 되돌아오기 때문이다.

내가 배운 교과목에도 '행복에 이르는 지혜'라는 행복수업 시간이 있었다. 스피노자는 "참다운 행복은 도덕 그 자체이다."라고 했고, 폴 발레리는 "용기를 내서 그대가 생각하는 대로 살지 않으면, 머지않아 그대가 사는 대로 생각하게 된다."라고 했다. 행복의 가장 큰 적이 고통과 권태라면 자연은 이 두 적에게 맞설 방어 수단으로 '명랑함'과 '정신'을 주었다. 행복의 사전적 의미는 "생활에서 충분한 만족과 기쁨을 느끼는 흐뭇한 상태"라고 풀이하고 있다.

며칠 전 시민 아카데미 '행복 수업' 강좌에서는 사랑의 언어를 강의했다. 생각으로 말하지 않고 소망으로 말하기다. 나의 '소망은'이라고 말할 때 더 따뜻하고 상대방의 존중과 배려가 느껴진다. 행복한 사람들은 자기만의 아늑한 시간 즐기기도 좋아하지만 좋은 대인관계로 함께 따뜻하게 지낸다고 했다.

요즘 '소확행'이라는 말이 유행처럼 번진다. 소소하지만 확실한 행복을 뜻한다. 기쁘고 즐겁게 많이 웃는 시간이 행복한 시간이 아닐까. 보통 사람들이 가장 행복할 때는 가족들 또는 좋아하는 사람들과 맛있는 음식을 먹을 때라고 한다. 마음 맞는 친구와 좋은 경치를 보며 숲길을 산책할 때도 좋다. 어제는 흘러갔고, 내일은 불안하고, 그저 오늘 만남이 별일 없이 즐거우면 된다. 사람이든 사물이든, 자연의 만남이든 말이다. 어쩌면 그 날의 날씨가 행복을 준다. 맑은 하늘에 온갖 구름이 흐를 때, 금빛 햇살이 나뭇잎에 반짝일 때, 햇빛은 어느 계절이든 따스함을 준다. 웃는 날이 많으면 행복하다. 손녀의 재롱을 볼 때 나는 가장 많이 웃는다. 행복도 배우고 노력해야 하는가 보다.

아름다운 북유럽 여신 게피온의 건국 신화 상징인 게피온 분수와 그 옆에 위치한 덴마크에서 가장 멋진 건물 성공회 교회도 본다. 아름다운 여신이 인간 왕과 하룻밤의 사랑을 나누고, 하룻밤 동안에 갈 수 있는 만큼의 땅을 가져가라는 약속을 받는다. 네 아들을 황소로 변신시켜 땅을 갈고 그 땅을 뚝 떼어 옆으로 밀쳐서 가지고 나왔다. 그 땅이 덴마크다. 여왕이 통치하는 나라로 왕궁에 국기가 걸려 있다. 집무 중이신가 보다.

  여행이 주는 신선한 자극이 즐겁고 감사하다. 감사할 때 가장 행복한 에너지가 나온다고 한다. 12일 만에 돌아온 나를 기다린 어머니는 "너를 무사히 데려다 준 운전사들이 고맙구나." 하신다. 나도 북유럽 사람들의 낙천적인 성향을 배웠나. 아름답고 행복한 나라에서 더 한층 행복감에 젖었다.

(2017. 10.)

노란 우체통

 샛노란 은행나무에 늦가을 햇살이 머문다. 귀환을 환영한다는 노란 손수건이 나무에 걸려있는 듯하다.
 바티칸시국의 우체국에서 보낸 엽서가 도착했다. 성 베드로 성당 그림에 "사랑하는 아들에게"라고 쓴 엽서다. 노란 우체통에 넣은 지 13일 만에 서울의 아들에게 배달되었다. 그 날의 설렘이 새롭게 다가온다.
 노란 우체통에 노란 옷을 입고 엽서를 넣고 있다. 어느새 찍은 사진이 고맙다. 바티칸에 갈 때는 성스러운 곳이니만큼 복장에 유의해야 한다고 해서 바꿔 입은 옷이 하필 노란색 옷이었다. 은연중 나의 마음속에 노란 리본이 있었던 걸까.
 올 가을은 유달리 노란색이 많다. 일조량이 많아서다. 황금 낙엽을 보니 그 곳의 노란 우체통이 자꾸만 떠오른다. 왜 그 색이었을까. 노란색은 색중에서도 가장 햇빛에 가까운 색이다. 햇살처럼 따뜻하고 쾌활한 분위기로 뇌에 활력을 준다. 희망과 새로움,

흥분 놀라움도 노란색에서 나온다. 황제의 색이기도 하다. 아마 거기서는 황금으로 상징되기에 영광의 색으로 삼았는지 모른다.

바티칸시국, 말로만 듣던 곳이다. 바티칸미술관과 헬레니즘 미술을 대표하는 작품인 〈토르소〉〈다비드상〉을 본다.

'미술의 이해와 감상' 시간에 바티칸에 가면 꼭 봐야 한다던 〈라오콘 군상〉 앞에 있다. 트로이 목마 입성을 반대하다가 두 아들과 함께 커다란 바다뱀에게 물려 죽임을 당하는 고통의 순간을 조각한 작품이다.

산 피에트로 대성당의 '피에타상'을 눈앞에서 본다. 죽은 그리스도를 팔에 안은 채 비탄에 잠긴 성모마리아를 묘사한 미켈란젤로의 작품이다. 차마 겪을 수 없는 고통의 순간을 예술로 승화시킨 조각상이다. 다른 조각상들에 비해 미켈란젤로의 대작 〈다비드상〉은 완벽한 몸매에 머리와 손이 특히 크다. 손등의 힘줄까지도 섬세하여 살아있는 듯 생생하다. 다비드상 앞을 떠나고 싶지가 않다. 뒤태도 살피고 옆모습도 본다. 우리가 흔히 조각 몸매라고 하는 것이 바로 이를 두고 하는 말인가 보다. 그는 세월에 상관없이 언제나 아름다운 청년이다. 그 당시에는 무표정한 입상의 나신상이 유행했다고 한다. 로마 피렌체 곳곳에 나신상이 많다.

솔방울 정원으로 들어선다. 솔방울을 4미터 높이가 되는 청동으로 푸르게 조각해서 세워 놓았다. 나는 유달리 솔방울을 좋아한다. 솔방울을 오므리면 빈틈없이 단단한 꽃봉오리가 되고, 말라서 조각이 열리면 꽃 백일홍을 닮은 갈빛 꽃송이가 된다. 백

조각의 한 조각조각이 오묘하게 아름답다. 어릴 때는 장난감처럼 갖고 놀았고 커서는 그 기억에 보태어 은은한 솔 내음까지 좋아했다. 솜씨 좋은 조각가가 다듬은 듯한 솔방울 모양과 날개가 달린 솔씨가 튀어 나오기도 해서 또한 좋았다. 지금도 산길을 걸을 때 내 발 앞에 툭 떨어지면 선물인 양 기쁘게 주워 온다. 솔방울을 보면 지나치지 못한다.

단테의 〈신곡〉에서는 길고 큰 거인의 얼굴이 "베드로 성당의 솔방울"에 비유되기도 한다. 솔방울이 공기를 정화하듯이 그 앞에서 자신을 정화시키고 죄를 씻는다는 의미도 있다. 정화가 되면 몸이 가벼워진다. 사월의 시간들, 세월호의 그들 모두도 이제는 정화되어 가벼운 마음으로 추모의 노래처럼 부디 "가을의 곡식을 비추는 따사로운 빛으로/ 천 개의 바람 되어 저 넓은 하늘 자유롭게 날아요."

가슴 언저리가 아파온다. 이제 그만 그 곳에서 아무 걱정 없이 자유롭기를, 가슴 아팠던 우리도 이젠 잊고 이별을 해야 하리.

바티칸시국은 로마교황이 통치하는 독립국이다. 독자적인 우표도 발행하고 있다. 정확한 우편배달로 신뢰받는 우체국이라고 한다. 김수환 추기경님이 "세상에서 가장 작은 나라지만 가장 큰 사랑과 평화를 전하는 곳"이라고 하신 나라이다. 오늘은 미사가 열리는 날이 아니라서 인자한 교황님의 미소는 볼 수 없다. 모습을 나타내는 창문에는 양탄자가 걸려 있어 그 곳임을 알 수 있다.

우체통은 으레 빨간색인 줄 알았다. 빨간 우체통에 편지를 부치고 우체부 아저씨를 기다리는 게 유일한 즐거움일 때도 있었다. 이제는 노란 우체통의 추억도 간직될 것이다.

세계 각국에서 온, 언어도 생김새도 차림새도 다른 수많은 관광객들의 미소를 보니, 그 곳의 우체국은 행복과 감동과 감사의 사연만 세상의 모든 곳으로 배달할 것 같다.

(2014. 11.)

종소리

종탑에 오른다. 중간 중간에 쉼터가 있고 둥근 작은 창이 있어 시원한 바람도 들어오고 바깥 풍경도 보인다.

85미터의 414계단을 오르며 계속 귓가에 울리는 듯한 종소리에 귀를 기울인다. 맨 위층 바깥 난간으로 나가니 피렌체 시가지가 한눈에 들어온다. 더러 높은 빌딩도 있으련만 간혹 성당 지붕만 높고 붉은 지붕들이 똑 같이 나지막이 사방으로 펼쳐져 있다.

예술의 도시, 꽃의 도시라는 이름처럼 아름다운 피렌체를 굽어본다. 종소리가 또 다시 들려온다. 옆에 선 남편과 아들에게 "여기는 종소리가 계속 들리네." 하니 언제 종소리가 울렸냐며 스마트 폰으로 동영상만 찍는다. 내 귀에만 환청처럼 들리는가.

오래 전 내 기억 속에 묻혀있던 그 종소리가 내 가슴에 울린다. 작은 시골동네 언덕 위에 조그만 교회당이 있었다. 나의 어머니는 예배당의 '종치는 우 집사'였다. 어머니와 나는 교회 아래에서 단 둘이 살았다. 새벽종 소리에 잠이 깨면 늘 어머니가 없었고,

종소리가 그치면 내 이름을 부르며 돌아오셨다. 이제 구순을 바라보는 어머니는 "듣기 좋은데 어째서인지 요즘에는 학교도 교회도 종소리가 없다."고 하신다. 그때 종치던 얘기 좀 해보라고 하면 "젊으니까 시켜서 한 거지 뭐."라며 말을 삼킨다.

　잠든 어린 딸을 두고 나가서 새벽에 온 몸과 마음으로 치던 새벽 종, 하나님을 부르며 남편을 돌아오게 해달라는 염원이었을까. 단 한 번도 아버지를 본 적이 없고 아버지라는 단어를 발음조차 해보지 못한 어린 딸을 위해 올리는 새벽기도가 얼마나 간절했을까. 한국전쟁 당시 면사무소에 근무하던 아버지는 어느 날부터 돌연 모습이 안 보였다고 함께 근무하신 분의 말씀이다. 어머니 말씀으로는 시아버지 상중이어서 피난도 못 가고 근무하던 중 며칠 후 삭망 때 오겠다고 하며 안동으로 가셨다고 한다. 가랑비가 내리는데 비 맞지 말고 어서 들어가라며 돌려세우고 떠나던 남편을 어머니는 내내 기다리셨다. 스물한 살 나이에 홀로 아이를 낳아 키우는 여인의 심정이 오죽했을까. 새벽종을 치며 위로받고 종소리에 기다림을 실어 매달렸으리라.

　반대편으로 돌아서 두오모 성당의 반원형 붉은 지붕 큐폴라를 마주본다. 이 성당의 정식 명칭은 '산타 마리아 델 피오레 대성당'으로 꽃의 성모마리아다. 다시 성당을 오른다. 한 사람이 간신히 오를 수 있는 나선형 돌계단으로 수많은 사람들이 손으로 짚어 반질반질해진 벽을 짚고 오르니 좁고 어두워 저절로 조심이 된다. 어머니가 홀로 살아오신 길도 이런 길이었을까. 시어머니,

시누이 시집살이, 온종일 베틀에 앉아 베를 짜도 내려오라고 하지 않는 시어머니가 야속했다는 어머니.

계단 맨 위쪽에 다다르니 천장화를 볼 수 있도록 안으로 유리 난간을 만들어 안전장치를 했다. 난간을 천천히 돌며 〈최후의 심판〉 그림을 본다. 가까이서 보니 더 실감이 난다. 가슴이 벅차다. 저 높은 곳에 무슨 수로 그림을 그렸을까. 신의 도움이 있었을까. 괴테는 천장화를 보지 않고 인간의 한계를 논하지 말라고 했다. 천장 화가들은 허리가 휘어지고 팔은 뒤틀리고 안료의 비소에 실명을 할 지경이었다고 한다. 어머니의 젊은 날, 힘들게 밭일 품앗이를 하고 밤새 앓던 그 모습이 떠오른다.

430계단을 올라 바깥 난간에서 어제와 또 다른 피렌체 모습을 본다. 어느 영화의 한 장면이 떠오른다. 변함없이 사랑하고 서른 번째 생일날은 이 곳 두오모 큐폴라에서 함께 하자고한 약속, 사랑한다면 반드시 만난다는 말처럼 10년 전의 약속이 이루어져 둘은 기적처럼 마주하고 미소를 나눌 때 성당의 종이 울린다. 영원한 사랑을 맹세하는 곳 여기는 또 그런 곳인가 보다. 나의 아버지와 어머니는 왜 이들처럼 만나지 못했을까. 남편을 부르며 평생을 기다리고, 나를 부르던 어머니 목소리 같던 종소리가 오늘 이렇게 내 가슴을 파고든다.

어머니 마음속에는 언제까지 종소리가 있었을까. 그 곳을 떠나 훗날 딸이 여고생일 때 어렴풋이 들리던 학교 종소리에도 "애야, 학교종이 두 번 울렸다. 어서 가거라." 하셨다. 두 번째 종소리는 곧 수업이 시작되니 등교를 서두르라는 소리다.

　사십 대에 든 그 딸이 직장에서 휴가를 내어 어릴 적 살던 곳과 아버지가 근무했던 면사무소를 찾아갔다. 함께 근무했던 분에게서 '면 직원 일동'이라고 쓰인 흑백사진 한 장을 구했다. "이 분이 그분이다."라는 말씀에 아버지를 상봉이나 한 듯 기뻤다. 마흔 살의 딸이 스물세 살의 아버지를 처음으로 바라본다. 큰 키에 양복을 입은 말쑥한 용모, 눈매도 입매도 나와 닮았다. 어느 하늘 아래 살고 계시는지, 하늘나라에 가셨는지 알 길이 없다. 해마다 유월 이십오일이 되면 전쟁이 앗아간 아버지가 그립다고 안타까워하며 슬퍼했지만 이제는 아버지가 그 어딘가에서 우리를 지켜 주리라고 믿는다.

　어디선가 종소리가 들려온다. 어릴 적 고향에서 들었던 그리운 종소리다. 나는 이탈리아 피렌체 두오모, 조토의 종탑 아래 서 있다. 종탑이 아득히 높다. 이곳에서는 30분마다 종소리가 울리지만 피렌체 시내 돌바닥 길을 걸을 때나 미술관 안에서도 내 귀에는 계속 들린다.

　300여 개의 성당이 있다는 이 곳, 성 베드로성당에서 방문자에게 준 사진 속의 아버지 같은 프란체스코 교황님의 자애로운 미소와 어머니 우 집사가 치는 듯한 사랑의 종소리가 지금도 은은하게 내 가슴에 울린다.

(2014. 10.)

붉은 광장

러시아 땅이 내려다보인다. 붉은 지붕과 강 위의 작은 배들이 물고기처럼 하얀 꼬리를 끌며 가다가 되돌아가기도 한다.

석양에 강물이 은비늘의 물고기처럼 퍼덕거린다. 똑같은 나무가 잔디처럼 깔렸다. 바다도 없고 산도 하나 없는 평원이 끝이 없다. 푸른 숲이 펼쳐진 사이에 옹기종기 모여 있는 집들과 긴 길이 보이고 가까이 가면서 강물과 집들이 땅 위의 무늬처럼 나타난다.

소설 〈전쟁과 평화〉에서 나폴레옹이 모스크바 시내를 내려다봤다는 '참새의 언덕'이다. 조무래기 참새 떼들이 짹짹거리며 모이를 쪼고 흰 구름이 머무는 높은 등성이인 줄 알았는데 겨우 육교 높이의 길 위다. 그는 이 언덕에서 시가지를 굽어보며 회심의 미소를 지었을까. 그러나 결국 극심한 추위를 이기지 못해 무릎을 꿇고 만 것을.

시가지와 강을 내려다본다. 술을 좋아하지 않으면 러시아 사람이 아니고 도박을 좋아하지 않으면 중국 사람이 아니라는 말이 있지만, 한때 개혁조치로 보드카 제조금지를 한 적이 있다고 한다. 7개월이 넘는 긴 겨울 동안 추위를 이기려고 그들은 술을 마시고 술고래가 된다고 한다. 지금은 건강을 위한 국가 정책으로 11시가 넘으면 일반 상점에선 술을 팔지 못한다.

붉은 광장에 들어섰다. '붉은'이라는 말은 아름답다는 뜻이다. 빨간 여자는 예쁜 여자다. 빨간 입술 빨간 볼이 다 그런 뜻이라니 의외다. 우리가 아는 붉은 색은 맑스가 좋아했다는 일편단심의 색이다. 공산주의를 '빨갱이'라고 부르지 않던가. 방사형 계획도시로 북한의 평양시는 이 광장을 본 따서 지었다고 한다. 동화 속에서 본 듯한 아름다운 바실리 성당의 파란색, 붉은색 등 아홉 가지색, 아홉 개의 양파 모양 지붕이 반갑다. 눈이 많이 오는 지역이라 눈이 쌓이지 않도록 하기 위해 지붕을 둥글게 만든 것이라고 하지만 아름다움의 상징이 되었다. 이 성을 지은 이반 4세는 완공된 성당이 너무나 아름다워 이 성당을 지은 장인이 다시는 이보다 더 아름다운 성을 짓지 못하도록 두 눈을 뽑아 버렸다는 소문도 있다. 절대미에 대한 인간의 집념이 두렵다.

대통령궁 앞에는 세계에서 제일 큰 대포와 포탄이 전시되어 있다. 물론 사용한 적은 없다고 한다. 왠지 두렵다. 줄쳐진 선 안으로 들어가면 바로 잡아가거나 총격을 한다고 각별히 주의를 준다. 괴한의 습격이 있었거나 어떤 난동이 있었던 듯하다. 들어올 때도 검색대에서 남녀 모두 핸드백 크기 이상의 가방은 입장불가다.

예전에 공산당수가 기거하고 정치활동을 하는 곳을 크램린 궁이라 했다. 당시 소련의 '철의 장막'이라는 철저한 비밀주의 원칙에 입각한 정치외교 활동을 전개했던 곳이다. 때문에 속을 알 수 없고 비밀이 많아 보이는 사람을 '크렘린'이라고 했다. 어떤 친구는 아는 언니가 자기를 크렘린이라고 한단다. 할 말이 없고 할 틈을 주지 않아 말을 안 할 뿐인데, 말이 없으니 무슨 생각을 하는지 속을 알 수 없어 그렇게 부른 모양이다.

한때 인심이 흉흉하던 시절이 있었다. 한국전쟁 당시 아버지는 인민군이 퇴각할 때 행방불명이 되셨다. 아버지는 내가 딸일지 아들일지 궁금하셨으리라. 어린 날엔 어머니의 한숨소리를 듣고 어른들의 측은해하는 눈빛을 받아야 했다. 소설 속에서도 아버지들 얘기가 나오면 서러웠다. 그 시절 어떤 전쟁소설에서 "죽은 줄 알았던 남편이 살아 돌아왔건만 경애의 가슴은 찢어질 것만 같다."라는 대목을 읽을 때 혹시나 아버지도 이렇게 돌아오시지 않을까 꿈을 꾸었다. 그 후로는 내가 찾아 나서고 싶었다. 북한에 안 계시면, 소련으로 보내졌다는 소리도 들었기에 그곳까지 가야지 하고 막연히 다짐 아닌 다짐을 한 적도 있었다. 동네의 남의 아버지는 소련에서 오는 것 같기도 했다.

그렇게 보낸 날들이 어언 60년 넘었다. 그 세월 동안 남모르는 그리움과 기다림을 안고 여기까지 왔다. 옛 공산당 시절의 모습은 거의 없겠지만 북한과의 관계는 여전하다. 나는 그 누구라도 찾으러온 사람처럼 연신 두리번거린다.

모스크바 국립대학 교정을 천천히 걷는다. 한국학과가 생긴 것은 여기 러시아에 진출한 삼성과 LG 기업 덕이다. 우리나라 유학생도 꽤 많은데 북한 학생은 한 명도 없다고 한다. 우리나라 학생들에게 자유사상이 물들까봐서 북한에서 통제해서란다. 대학은 엄청난 부지에 울창한 나무가 우거진 교정이다. 이 많은 가문비 나무에 눈꽃이 피면 얼마나 아름다울까. 담벼락과 교문이 따로 없다. 혹시나 아버지도 이 대학을 오시지나 않았을까 하는 망상을 하며 무슨 관계라도 있는 것처럼 관심이 간다.

1920년대 모스크바대학에 진출한 우리나라 여성들이 있었다고 한다. 해방 후 북한에 가서 핵심세력이 되었다고 하고 빨치산, 제주사건에 관여하기도 하여 자중지란이 일어날 수밖에 없었다. 지금의 중학생들은 '우리의 소원은 통일'이 아니라고 한다. 끝나지 않은 전쟁, 아물지 않는 아픔이 계속되고 있다.

대통령궁에 러시아 국기가 높이 게양된 것을 보니 대통령이 집무 중인가보다. 며칠 뒤면 우리나라 대통령과 만나 회담을 한다. 회담이 잘되어 시베리아의 천연가스도 싸게 끌어오고 유라시아 철도도 연결되어 서울, 평양, 베이징, 모스크바, 파리까지 기차로 갈 수 있는 날이 왔으면 좋겠다.

붉은 광장에서 아버지에 대한 그리움이 붉은 한이 되어 뭉클 솟아난다.

(2017. 9.)

돌아올 수 없는 거리

바다를 바라보면 수평선이 보였다. 맑은 날엔 수평선에 희미하게나마 나라밖 섬도 보였다. 그 수평선에 가고 싶었다. 어쩌면 우리의 섬이어야 맞을 것 같기도 한데…. 49.5킬로미터, 배로 한 시간 거리다.

물위를 스치듯 나는 듯 비틀호가 대마도에 도착했다. 아담하고 조용하고 깨끗했다. 푸른 산만 보이는 섬이라서 우리의 섬과 비슷한 줄 알았는데 나무 종류부터 생활환경이 많이 달랐다. 울창한 나무들이 즐비한 좁은 계곡을 지난다. 세계에서 수림 조성이 제일 잘된 나라는 핀란드이고 두 번째는 스웨덴, 세 번째가 일본이라고 한다. 우리나라는 네 번째로 차이가 크다. 일본에는 대나무, 삼나무, 편백나무가 많다. 경제목을 심었다. 지진을 방지하고 전봇대와 배를 만들고 건강에 도움을 주는 생활에 이용되었다.

전망대에 오른다. 숲에서 벌꿀향이 진동을 한다. 기분 좋은 발걸음을 옮긴다. 바다에는 유월의 푸른 섬들이 점점이 떠있다. 새의 머리를 닮았다고 한다. 산세가 부드러워 금방 머리를 손질하고 세수한 듯, 티끌하나 없는 나뭇잎은 윤이 난다. 움집처럼 둥그스름한 산봉우리, 삐져나온 바위도 없고 죽은 나무 등걸도 하나 없다.

이즈하라시에 도착했다. 우리의 일주문처럼 하늘 천(天) 자의 문을 지나 신사를 본다. 백제 때 일본에 학문을 전하고 천황의 태자에게 글을 가르친 왕인박사와 관련이 있다는 학문의 신사에 들렀다. 그 옆에 수령이 오래된 농나무는 영험함이 느껴졌다.

아까부터 띄엄띄엄 보이는, 하늘을 향한 노란 열매를 가득 매달고 있는 나무가 궁금했다. 주인은 열매를 따서 먹는 시범을 보인다. 맛을 보니 살구 맛인 듯 다래 맛인 듯하다. 알고 보니 비파나무다. 세상에 이제야 이 나무를 알다니, 순간 내가 그동안 남들에게 어떻게 이걸 아직도 모르느냐고 쉽게 했던 말이 반성이 된다. 이름이 같아서인지 열매 모양이 악기 비파를 닮았다.

이즈하라 시청 옆에는 '덕혜옹주 결혼 봉축 기념비'가 있다. 고종황제께서 60세에 얻은 고명딸, 너무도 사랑하여 덕수궁에 유치원을 만들기도 했다. 여덟 살에 고종황제가 돌아가시고 열두 살에 황족에 오르면서 일본으로 보내졌고 열아홉에 대마도 번주의 아들 종무지 백작과 정략결혼을 했다. 동경대를 나온 괜찮은 사람이었다. 한 나라의 황녀에 대한 예우를 그는 하지 않았을까. 아기가 태어나 이름이 정혜였다. 대마도로 신혼여행을 가며 "내

꿈은 대마도로 이어진다."라고 어릴 때 쓴 시도 읊었다. 백작은 대마도 여학교에서 연설을 했고 황녀는 기념식수를 했다고 한다.

딸의 삶도 순탄치가 않았다. 일찍 결혼 후 이혼을 하고 행방불명이 되었다. 옹주도 결국 이혼을 했고 요양원에 보내졌다. "아버님 보고 싶어요."라는 말을 늘 했다고 한다. 다행히 늦게나마 그리던 고국으로 돌아와 병세도 회복되고 편안한 여생을 마칠 수 있었다. 봉축비는 당시 대마도 사람들이 환영의 뜻으로 세운 거란다. 쓸쓸히 서 있는 비를 보며 그때 고국을 그리워하던 옹주를 생각해본다. 옹주는 사랑받던 시절의 조국과 대마도에서의 신혼시절이 좋았고 대마도에 신혼여행을 왔을 때 신랑하고 웃고 찍은 사진이 유일하게 남아있다고 한다.

종무지 백작은 태어난 순간부터 죽음까지의 자서전에서 덕혜옹주와의 결혼생활은 한 점, 점으로 남겼다. 차마 말 못할 사연이 마음 깊이 찍힌 점이 되었을까. 하고 싶어도 못하는 말, 하고 싶지 않은 말, 그 만의 통한일까. 사랑일까. 끝내 찾지 못한 딸은 진주 한 알을 유골함에 넣어 장사지냈다. 사랑하는 딸을 잃고 아내마저 정신병원에 보내야만 했다. 훗날 종무지 백작이 죽기 전에 한 번 보고 싶다고 덕혜옹주를 만나러 왔지만 건강을 해칠까 염려되어 그대로 돌려보냈다고 한다. 종무지 백작의 아픈 사랑의 고뇌도 느껴진다.

학습만 끝나면 금방 돌아가겠다고 한 어머니와의 약속도 허사가 되고 그토록 가고 싶어 한 고국이건만 정치적 이유로 좌절되었다. 한 시간이면 갈 수 있는 거리를, 어느 수영 선수는 헤엄을 쳐서 건너간 거리건만, 그 한 시간의 거리를 오는데 삼십 년도 더 걸렸다. 어린 나이에 황족이라는 이유로 강제로 적국에 보내져 감시를 받으며 사는 낯선 땅, 분하고 외로운 마음 붙일 곳 없고, 자애로운 아버지 황제 생각, 어머니 계신 고국 생각이 오죽했으랴. 초여름 이팝나무가 하얗게 꽃을 피우고 푸른 바다가 햇살 아래 반짝거리는 맑은 날에는 조선이 보인다는 대마도, 덕혜옹주는 이곳에서 잠시나마 위로를 받았을 것이다. 파란만장한 생을 지켜주지 못한 당신의 나라, 그 한 많은 슬픔을 누가 헤아리랴. 나라 잃은 설음을 다시 떠올리게 한다.

'한국 전망대'에 올라 바다 건너 해운대를 바라본다. 배만 몇 척 떠 있고 보이지 않는다. 이곳에는 조선통신사들이 건너오다 풍랑을 만나 사고를 당한 추모비가 서 있다. 〈조선국 역관리 순난지 비〉라고 적혀있다. 우리의 표적이 이 섬 곳곳에 남아있다. 일박이일 동안 이 고장 사람들은 열 사람도 못 본 것 같다.

말이 마주 보고 있는 형상이라서 대마도라고 한다. 다리를 사이에 두고 상대마와 하대마가 있다. 바람, 노인, 한국 사람이 많다는 것이 특징이다. 자연 그대로의 섬에서 자연스런 우리 류(柳)가들이 함께 해서 더 뜻깊은 여행이었다. 산등성이 공원 벤치에서 마주한 하늘과 수평선, 낙조의 붉은 구름이 한 송이 모란처럼 피어오르고 산바람에 쫓겨 가는 구름은 섬마을의 풍경인 듯 신비로웠다. 여행이 주는 색다른 경험과 낯선 곳의 새로움이 좋았다.

여행은 돌아오기 위해 떠난다고 했던가. 해운대를 향해 뱃머리를 돌린다. 비행기로 오던 때와 다르다. 건너다보이는 곳 저기가 우리나라다. 강 건너 마을에 와서 우리의 아픈 역사공부를 하고 가는 느낌이다.

(2017. 6.)

나신의 탑과 절규

　프로그네르 공원에 도착했다. 천재 조각가 구스타브 비겔란이 오슬로시의 의뢰를 받아 평생을 바쳐 만든 193점의 화강암과 청동 조각상을 사후에 기증한 유명한 곳이다. 공원으로 들어가는 양편으로 어린아이들의 조각상이 있다. 귀엽고 사랑스런 갖가지 표정과 포즈를 취한 작품들이 부모와 할머니 할아버지와 어울려 있다. 그런가 하면 잔뜩 찡그린 채 화난 아이 조각상도 있다. 아이들은 세 살부터 분노를 느낀다는 것을 표현했다는데 비겔란 자신의 어릴 적 모습을 형상화한 것이라 한다.
　심술궂은 아이 조각상이 안쓰럽다. 아이들의 모습이 어느 날 삶이라는 숱한 역경과 여로를 거쳐 그의 할아버지 모습이 되겠기에 인간의 탄생부터 죽음까지를 묘사해 놓은 듯하다. '아이는 어른의 아버지'라고 읊은 워즈워드의 시가 떠오른다. 서너 살 혹은 네댓 살 아이들의 벗은 몸매와 실제 어른 덩치의 누드 조각이 살아 있는 듯 표정도 몸매도 유연하고 움직이는 듯한 착각을 느끼게 한다. 과연 인생은 짧고 예술은 길다. 만고에 남을 위대한 작품과 그의 이름은 영원할 것이다.

공원 안으로 들어가면 오벨리스크처럼 높은 인간 탑이 있다. 그 주위로 온갖 포즈의 나신들이 수없이 앉고 서고 엎드리고 눕고 무릎 꿇고 등을 맞대고 있다. 등을 타고 옆구리에 매달리고, 마주 서서 포옹한 모습 등등, 더러는 야릇한 작품도 있어 민망하기도 하다. 가만히 보고 있노라면 꿈틀대고 있는 듯한 착각도 든다. 각기 다른 인간의 모습을 둘씩 또는 여럿이서 하고 있다. 그 많은 인간들의 표정과 몸짓이 다 다르다.

나신의 인간 탑은 아이부터 노인까지 발가락, 머리카락, 등골, 무릎, 가슴, 머리 모양 등을 너무도 생생히 조각해놓았다. 121명의 인간이 각각의 희로애락애오욕(喜怒哀樂愛惡慾)을 지닌 채 높이 조각되어 있다. 동양사상을 담았다고도 한다. "삶에는 끝이 있다. 휩쓸리지 않고 다스리는 것이 인생"이라고 장자가 말한 것처럼 인간의 유한함을 생각하고 헛된 집착에서 벗어나라고 일러주는 것 같다.

그 주위로 다니는 사람들도 이 조각상 중의 한 사람인 양 생각된다. 기도하듯 앉아 있는 사람, 호기심 가득한 표정 혹은 멍하니 앉아 쉬고 있는 사람도 있다. 공원에서 소요하는 노인들을 보니 더 그런 생각이 든다. 찰나의 차이로 태어나고 사라지고 태어나는 숙명을 끝없이 반복하는 것이 우리의 삶이다.

나도 저들 중에 한 사람이 아닐까. 비겔란이 나를 모델로 했다면 어떤 모습으로 형상화 했을까. 햇빛을 받지 못하는 나무가 시드는 것처럼 해를 봐야한다며 쏘다니고 '나는 본다'하며 여행을 좋아하는 어른여자를, 그러나 가끔은 무엇엔가 지쳐 고개도 못 들만큼 끙끙 앓는 여자. 나이 오십이면 하늘의 명(命)을 아는 나이라고 했다. 그 나이보다 훨씬 지났으니 그때의 나와 지금의 내가 어떻게 달라졌는지, 또 앞으로 어떻게 살아가야 할지 새삼 생각해본다.

문득 조각 한 점이 눈에 들어온다. 두 중년 남녀가 편안한 표정으로 등을 맞대고 앉아있는 작품이다. 나도 저들처럼 남편과 오래도록 서로 버팀목처럼 기대어 살며 평화스럽기를 바라본다. 탑의 맨 꼭대기에는 비둘기 한 마리가 앉아있다. 작품의 일부인지 날아가던 비둘기가 쉬는 건지 어디 물어 볼 데도 없고 궁금하기 짝이 없다. 만약 작품이라면 궁극적으로 평화를 염원한 것은 아닐까.

노르웨이 국립미술관이다. 〈절규〉를 포함한 56개의 작품들이 전시되어 있는 뭉크관이다. 교과서나 그림책, 신문, 잡지에서나 보았던 그 유명한 그림의 진품 앞에 섰다. 공황발작이라는 개인적인 경험을 그린 것이라 한다. 두 친구와 오슬로 교외를 산책하던 중 피곤하고 아픈 증세가 나타났다. 해가 지고 있어 구름이 피처럼 붉은색으로 변하며 색채들이 비명을 질렀다. 그때 자연을 뚫고 나오는 절규를 느꼈다고 한다. 그림 앞에서 나를 포함한 대부분의 사람들은 '나는 감탄한다.'라고 입을 벌리는 것 같다. 표정을 일그러뜨리고 그림속의 절규를 흉내내며 사진을 찍는 사람들의 모습을 본다. '나는 절규한다.' 그 순간 얼마나 절박했을지 짐작이 간다. 안타까움이 밀려온다. 우리 모두도 정도의 차이는 있겠지만 어느 순간 절규하듯 분노하고 경악하며 살고 있지 않을까. 스승의 그림이 대작으로 걸려있고 가족 그림도 걸려있다. 특히 누이들 그림이 아름답다.

오늘 노르웨이 수도에서 인간 삶의 양태를 많이 본 것 같다. 주말이면 쨍쨍한 햇볕아래 북구의 여인들이 붉은 비키니를 입고 비겔란 공원 나신의 탑 앞에 펼쳐진 푸른 잔디밭 가득히 엎어졌다 뒤집어졌다 하며 일광욕을 한다고 한다. 조각상의 그들과 이들이 무엇이 다른가. 넓은 잔디밭 공간을 만들어 둔건 예상된 또 하나의 작품을 기대한 것인지. 어느 날 문득 기마전을 하는 군상처럼 인간 탑의 사람들이 차례로 내려와 걸어 다닐 것 같은 상상을 해보며, 그들은 여기에 머물고 나는 다시 길을 나선다.

(2017. 9.)

제 5 부

자주색 옷고름

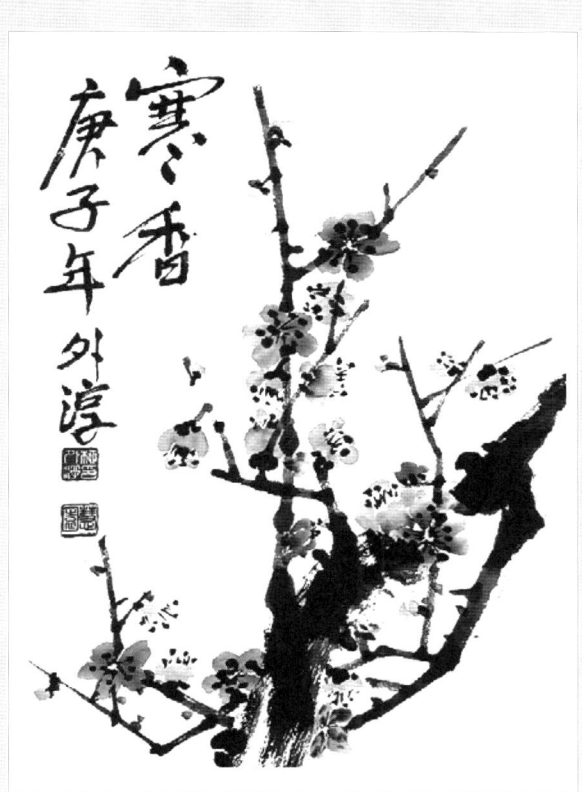

옷고름을 놓치면
어머니가 없어져 버리기라도 할 것처럼
한시도 내 시야에서, 손아귀에서
무명저고리의 옷고름을 놓지 않았다.
옷고름만이 나와 어머니를 연결하는 끈이고,
내 삶의 버팀목이며 만유인력보다 강한
사랑의 끈이라고 본능적으로 느낀 것 같다.
어쩌면 나에게는 이 세상에서
아버지라는 존재는 없을 거라는 걸 알기라도 한 듯,
한사코 어머니의 옷고름에 매달리는 것으로
근원적인 불안감을 해소하며 안도하였는지도 모른다.

- 본문 중에서

자주색 옷고름

한복 명장으로 불리는 연로한 사촌언니가 이나마 기운이 있을 때 해주고 싶다며 내게 한복을 지어주었다. 남색 치마에 자주색 고름이 달린 분홍 저고리와 옥색 저고리이다. 예로부터 남편이 있는 여자는 저고리 색과 고름 색을 달리했고, 남편이 없는 여자는 그 색을 같이 했다고 한다. 언니는 한 땀 한 땀 바느질을 하며 나를 생각했을 것이다. 유일하게 아버지를 아는 언니로서 만날 때마다 아버지 얘기를 들려주는 분이다. 단 한 번도 불러보지 못한 '아버지'라는 이름, 언니는 나를 볼 때마다 하늘이 도와 태어났다고 했다.

우리 집 장롱에는 내가 시집올 때 입었던 금박 자주고름의 노랑저고리, 갑사 여름옷, 실크 겨울옷, 두 아들 혼례 때 입었던 한복 두 벌, 시어머니 칠순 때 입었던 옷, 예물로 받은 자주색 비로드 등 삶의 고비 고비를 장식했던 옷들이 차곡차곡 쌓여있다. 그 옷들을 바라볼 때마다 어머니의 무명저고리가 떠오른다.

나는 한복의 옷고름을 유난히 좋아한다. 애기 때부터 어머니의 옷고름을 바라보며 자랐다. 젖을 먹을 때나 밥을 먹을 때나 언제나 둘이서 마주앉으니 저절로 눈앞에 보였기 때문이다. 밥을 먹다가 어머니가 고름이 없는 옷을 입고 있으면 울컥 토할 것 같아서 밥을 못 먹었다. 화를 내며 그 옷 벗으라며 악을 썼다. 예닐곱 살 때일 것이다. 철부지 딸이 단추 달린 저고리를 입었다고 울고불고 떼를 쓰니 어머니는 또 얼마나 당황스럽고 그런 딸이 염려되었을까.

지금도 나는 단추 달린 옷을 별로 좋아하지 않는다. 학창시절 교복은 고쳐 입었고 병원의 환자복도 윗도리는 티셔츠를 입었다. 치마도 끈을 달아매어 입었다. '천의무봉'의 선녀들 옷은 꿰맨 자국이 없다고 하는데…. 지금껏 고쳐지지 않는 나의 알 수 없는 무의식의 비밀인 셈이다.

젖 냄새 배었을 어머니의 옷고름을 떠올려본다. 거기엔 어린 나의 눈물 콧물, 어머니의 눈물이 함께 섞여있을 것이다. 탯줄이 잘리고 모태로부터 떨어져 나왔을 때부터였을까. 어머니의 뱃속에서 탯줄을 통해 산소와 영양분을 공급받았던 것처럼 나는 이 세상을 살아갈 모든 힘을 어머니의 옷고름에서 찾은 것 같다. 어머니는 예배당에 갈 때면 옷고름을 붙잡고 잠든 딸의 손을 가만히 떼어놓고 살그머니 가셨고, 자다가 깬 나는 밖에서 잠긴 문이 열리지 않아서 문종이를 다 뜯으면서 울었다. 옷고름을 놓치면 어머니가 없어져 버리기라도 할 것처럼 한시도 내 시야에서, 손아귀에서 무명저고리의 옷고름을 놓지 않았다. 옷고름만이 나와 어머니를 연결하는 끈이고, 내 삶의 버팀목이며 만유인력보다 강한 사랑의 끈이라고 본능적으로 느낀 것 같다. 어쩌면 나에게는 이 세상에서 아버지라는 존재는 없을 거라는 걸 알기라도 한 듯, 한사코 어머니의 옷고름에 매달리는 것으로 근원적인 불안감을 해소하며 안도하였는지도 모른다.

이제나 저제나 남편을 기다리고 기다리던 어머니의 옷고름에는 또 얼마나 많은 눈물이 배었을까. 숨이 막히도록 나를 껴안고 잘 때 답답해서 움직이고 싶지만 그러면 안 될 것 같아 애써 참았던 기억이 있다. 이제야 그 한숨의 의미를 어렴풋이 짐작할 뿐이다. 어머니는 "내 이야기는 들먹이지도 말아라. 득될 게 없다. 팔자가 어디 있나 전쟁 때문이지." 하며 살아온 세월을 말로 어찌다 하겠냐며 입을 굳게 다무신다. 혼자 자라서 저밖에 모르는 고집 센 딸이 불쑥불쑥 덤빌 때면 한숨뿐이었을 텐데, 오히려 너 아니면 어떻게 살았겠느냐고 하신다.

짧고 긴 고름을 교차하여 매는 옷고름처럼 엄마와 아버지의 짧은 만남은 어긋난 운명처럼 교차하고 말았다. 공무원이던 청년과 결혼한 열아홉 살 새댁은 옷고름을 마주 풀며 행복했기에 시집살이의 고단함도 힘들지 않았으리라. 그러나 신혼의 단꿈이 고작 2년여 남짓, 짧은 시간만이 두 사람에게 허락되었고 한국전쟁으로 영영 이별하고 말았다. 뱃속에 어린 씨앗 하나 남겨두고, 며칠 후 오겠다던 아버지의 뒷모습이 어머니 눈에 선할 텐데…. 그 씨앗이 태어나 날마다 옷고름을 만지작거리며 어머니의 불덩이 같았던 마음을 쏘시개질 할 때마다 속울음을 삼켰으리라. 세월의 부침 속에 이제 연세가 높아 이산가족 상봉도 기대하기가 어렵다.

이산가족 찾기를 할 무렵 TV문학관에서 〈바닷가 소년〉이라는 프로를 방영했다. 전쟁으로 부모님과 헤어지고 바닷가에서 할머니와 살고 있는 어린 소년, 혼자 지내는 외로움에 작은 게의 다리에 실을 묶어 데리고 다니며 엄마 아빠를 기다렸다. 해가 지고 어두워져도 오지 않는 부모를…. 어린 날의 어머니와 나의 모습을 보는 듯했다. 나는 그 장면에서 그만 설움에 북받쳐 흐느꼈다. 어린 아들이 놀라서 내 소매를 잡으며 "엄마 왜 그래요?" 했다.

구순을 바라보는 그 어머니는 어느 시골에 홀로 사신다. 처음부터 혼자였다는 듯이. 오래 사시어 아버지 몫까지 사랑해 달라는 딸의 소망에 언제나 "걱정마라 잘 지내고 있다. 니 애비가 도울 것이다." 하신다.

이제는 내가 어머니의 옷고름이 되어 인고의 세월로 다져진 어머니의 가슴을 따뜻하게 데워 드리고 싶다. 남색 끝동 저고리의 자주고름을 매어본 적이 없다는 어머니시다. 어머니 생전에 해드리고 싶지만 결단코 사양하실 듯하다. 매번 설날에는 언니가 지어준 한복을 입고 세배를 드린다.

(2016. 1.)

문(門)

옛날 갓 시집을 온 새색시는 방에 앉아 있다가도 방문이 열리면 일어섰다 앉는 것이 법도라서, 어린 시동생이 멋모르고 들락거려도 그때마다 일어섰다가 앉기를 반복해야 했다. 아마 새색시들에게는 그 문이 밉고 원망스러웠을 것이다. 하지만 세월이 지나 그녀들이 밤늦도록 시어머니와 다듬이질하는 모습이 비친 창호지 문은 정감 어린 영사막 같았다.

아기를 출산할 때면 그 문고리에 광목천을 묶어놓고 힘을 주었다. 그 아기가 커서 학교에 가고 군대에 가면 엄마는 문설주에 기대어 기다렸다. 때로는 동구 밖까지 내다보이는 장지문을 열고 보이지 않을 때까지 보내고 맞이했다. 문은 바깥세상과 연결하여 주는 통로다.

가을이면 월동 준비로 어른들은 방문마다 창호지를 정성껏 발랐다. 문들을 돌쩌귀에서 들어내어 물을 뿌려서 낡은 종이를 뜯어내고, 밀가루로 풀을 쑤어 닥나무로 만든 한지를 발랐다, 우리 밭둑에는 닥나무 울타리도 있었다. 더러는 문고리 쪽에 말린 국화꽃을 넣고 덧발라 모양도 냈다. 또 바깥쪽에는 작은 유리를 붙여서 열지 않고도 바깥을 볼 수 있는 장치를 했다. 문풍지도 달아서 바늘구멍으로 황소바람 들어온다고 하며 바람을 막았다. 오죽하면 어른들이 "바람 닫아라. 문 들어온다."라고 했을까. 문턱이 닳도록 들락거린다고 하며 돌쩌귀에 불이 나도록 여닫는다고 야단도 치셨다. 문을 잘 안 닫으면 뒷손이 없다고도 했다. 방문을 열고 들어 올 때는 눈을 항상 아래를 봐야 한다고 교육도 받았다.

그런 문을 남김없이 쥐어뜯었던 기억이 있다. 아주 어릴 적 예닐곱 살 때였던 것 같다. 엄마가 나를 재워놓고 저녁 예배를 보러 교회에 갔다. 처음에는 너무 놀라서 울었다. 다시는 재워놓고 가지 말라고, 절대로 가면 안 된다고 당부하고 엄마 치마꼬리를 꼭 잡은 채 잠이 들었다. 그러나 자다 깨어보니 엄마가 또 없었다. 무섭고 화나고 엄마가 미웠다. 바깥에서 잠가 열리지 않는 문에 매달려 바깥을 보기 위해 문을 뜯었을까, 분풀이였을까. 나는 창호지를 하나도 남김없이 다 뜯어놓고 울었다. 엄마는 내가 자는 동안 얼른 다녀오리라 생각했으리라. 열리지 않는 문은 절망이다. 그래서 문은 출입문인 것이다. 문은 나갈 수가 있어야 한다. 문이 잠긴 방은 감옥이다.

예전에는 집집마다 문을 열어놓고 살았다. 문이 닫혀 있을 때는 사람이 없을 때다. 나는 그렇게 문지방에 걸터앉아 장에 간 엄마를 기다리곤 했다.

문을 잠그지 않아 낭패를 본 기억이 있다. 어느 겨울밤이었다.

동네 친구들이 한방 가득 모여서 놀았다. 주로 노래하고 얘기하다가 자정이 되어서야 헤어졌다. 그렇게 웃고 떠드는 와중에 갑자기 방문이 확 열리며 "이 방안 공기가 뭐여?" 하는 큰소리에 깜짝 놀라 쳐다보니 우리 동네에 자취하는 미술 선생님이 학생들 선도를 나오신 것이었다. 남자애들이 호기심으로 담배를 몇 대 피웠던 것 같다. 어릴 때부터 함께 자라고 한 문중이 모여 사는 동네라 모두가 일가친척으로 겨울 방학이면 자주 있는 일인데, 선생님이 잘못 아시고 노랫소리를 듣고 오신 것이다. 문을 잠그고 놀았으면 수습할 시간이라도 있었으련만 졸지에 당한 일이라 놀라서 당황했던 모습이 지금도 눈에 선하다. 이제는 그 친구들도 인생의 곡절 많은 여러 문을 거쳐서 돌아와 문단속을 하고 있다.

우리 동네에 들어오려면 관문로를 거쳐야한다. 서울시와 경기도의 경계에 있는 이 도로는 조선시대에 관문이 있었던 곳으로, 삼남 지방의 사람들이 한양으로 과거보러 올 때 과천부터 긴다는 말도 여기서 유래했다고 한다. 훗날에 정부 과천청사가 들어오게 될 것을 미리 알았을까. 벼슬을 하려면 반드시 통과해야하는 관문인 것이다. 등용문으로 가는 관문이다. 벼슬아치가 아니라도 통과해야할 문이 얼마나 많은가.

이곳에서 자라 관문초등학교를 졸업한 내 아들들도 장성하여 저 문을 나갔다가 첫 손자를 안고 들어왔다.

어릴 적 열리지 않는 문 앞에서 창호지를 뜯으며 절망했던 나는 항상 마음의 문을 닫지 않고 괴어 놓는다. (2012. 9.)

우리 순이

　내 어머니는 생신을 5월 8일이라고 스스로 정하셨다. 그 날은 꽃도 달아주고 여기저기서 경로잔치에, 선물까지 받는 좋은 날이기 때문이란다.
　지금으로부터 86년 전 말띠 해 정월 초하루 아침, 차례를 지내려고 오시던 친척 어르신들이 되돌아가셨다. 이 집의 막내딸인 어머니가 태어난 것이다. 만삭의 외할머니께서 설 준비를 하시느라 무리를 하신 탓이 아닌가싶다. 어머니는 평생 언제나 설날만 있었지 생일에 미역국도 못 드셨다고 한다. 지금껏 숨긴 말씀인 듯 털어놓으셨다.
　아들 없이 사시며 어머니는 혼자 힘으로 나무를 해야 했고, 텃밭도 일궈야 했는데 "내 손이 내 아들이다."라고 하셨다. 나는 그 소리를 들으며 자랐다. 어머니를 닮았는지 나는 맛있는 밥 짓고 된장찌개 끓이면서 '내 손이 내 딸이다.'라고 중얼거린다. 내겐 딸이 없다.

그런 날은 어머니 생각에 전화를 걸어 "엄마, 뭐 하세요?" 하면 〈금쪽같은 내 새끼〉 본다 하신다. TV 연속극을 보는 시간이다. 늘 나에게 "금덩이 같은 내 새끼"라고 입버릇처럼 말하시는 어머니, 어떤 날은 〈웃어라 동해야〉를 보신단다. 연속극 보는 시간대가 아니라면 오해도 할만하다. 어릴 적 내가 웃지 않으면 "우리 순이 골났나? 니는 웃어야 예쁘데이." 하시어 아는 사람들을 보면 말없이 웃기만 했고 웃는 게 인사였다. 길에서 만난 목사님에게 제일 예쁘게 웃었던 기억이 생생하다. 지금도 늘 웃고 다녀서 '해피외순 럭키언니'라는 소리를 농담으로 듣고도 기분이 좋아 더 웃는다.

그런 엄마에게 고등학교에 갓 들어갔을 때 한번 꾸중을 들었다. 엄마는 바느질하고 나는 엄마 무릎 앞에서 배를 깔고 엎드려 국어책에 실린 서정주의 〈부활〉이란 시를 소리 내어 읽었다.

내 너를 찾아왔다 … 순아. 너 참 내 앞에 많이 있구나. 내가 혼자서 종로를 거러가면 사방에서 네가 웃고 오는구나. 새벽닭이 울 때마닥 보고 싶었다… 내 부르는소리 귓가에 들리드냐. 순아./ (중략) / 비만 자꾸 오고….

갑자기 엄마가 크게 화를 내시며 "어느 놈이 보냈노? 그런 편지나 받고!" 오해하실 만하다. 내 이야기를 들은 옆집 친구가 학교에 가서 이야기를 전해서 교실이 또 한바탕 웃음바다가 됐다. 우리 동네는 아이들 이름을 끝 자로만 불렀다. 순아, 희야, 규야 한다. 규야가 '병규'라는 것을 안 것은 결혼청첩장을 보고 나서였다. 내 이름도 엄마는 물론 동네사람들, 외갓집까지도 "순아!" 하고 불렀다. 그 무렵 펜팔도 하고 파월장병 위문편지도 주고받아서 우체부 아저씨를 기다리는 게 일과이기도 했다.

"우리 순이 언제 커서 시집가나, 시집가는 거 보는 게 내 소원이다." 어린 딸을 숨이 막히도록 껴안고 어르시더니, 이제 다 큰 딸을 염려하신다. 시집을 보내고서도 "시어른한테 잘해라. 남편한테 잘해라. 아이는 부끄러울 때 낳아야 한다." 그래서였을까, 그렇게 엄마 보기가 부끄럽더니…. 여태도 "비 올 때 등산 가지 마라, 살 빼지 마라. 마침 맞다, 니는 적은 나이 아닌데 꾀가 없다." 하시며, 내가 엄마를 걱정하는 것보다 훨씬 더 나를 염려하신다. 정작 내가 "눈길 조심하세요." 하면 "그럼, 지 죽을 줄 모르고 조심 안 하나. 내 요량해야지." 하신다. 그런데 어머니가 자꾸 야위어져서 걱정이다. 몸도 마음도 딸에게 다 주니 그런가보다.

유년의 기억들이다. 내가 좋아하는 오징어와 명태 사러 장에 가신 어머니가 저물도록 오지 않으셨다. 하염없이 언덕을 바라보며 어머니를 기다렸다. 그게 싫어서 어머니 신발을 변소에 감추었다. 잇몸이 안 좋은 나를 위하여 두더지를 구워 소금을 만들어 양치질 시킬 때 싫다고 악을 쓰며 놋요강을 던져 구멍이 나기도 했다. 추석 무렵 알밤을 주워서 엄마 일곱 개, 나 여덟 개로 나눴는데 며칠 후 "모이 먹자."라며 나에게 도로 내놓아 화가 났다.

엄마를 위한 일이 허사였다.

　예닐곱 살 무렵, 동네에서 나는 고집 센 아이로 소문이 났었다. 한겨울 밤바람이 창문이 두드리다, 흔들다, 나중에는 부수기라도 할 듯 잡아 흔든다. 소리까지 지르며. 어머니가 옆에 있어도 나는 그런 밤이 무서웠다. 어머니는 그 집에 홀로 사신다. 혼자 주무시기 무섭지 않은지, 외로워서 어찌하나 걱정하면 그런 거 예사지, 별소리를 다한다고 하신다. 그래도 나는 문득문득 걱정이 앞선다. 꿈이라도 꾸는 날이나 아침 일찍 오는 전화에는 가슴이 덜컹한다.

　어머니는 봄나물이 나면 오라고 하셨다. 송아지가 꼴을 먹듯 순이는 나물을 잘 먹는다는 말씀을 지금도 하신다. 달력을 쳐다본다. 한 사나흘 다녀와야겠다. 이슬 맞으러…. 자식이 옆에 잘 때 어머니의 고운 사랑의 이슬이 내린다고 하셨으니.

(2016. 3.)

양탕국

　해마다 오월이면 덕수궁 뜰에 피는 마로니에 꽃이 떠오른다. 우람한 나무에 별처럼 아름다운 꽃이 피었다가 질 때는 향기를 날리며 유성처럼 떨어져 쌓인다.
　고종황제께서 네덜란드 공사로부터 마로니에 두 그루를 선물 받아 심었다고 한다. 그로부터 일백여 년이 지난 이제는 우람하고 풍성하다. 지금 고종께서 계신다면 덕수궁 정관헌을 나오셔서 마로니에 꽃잎이 떨어져 쌓이는 광경을 보며 '양탕국'을 즐겼으리라.
　우리나라에서 최초로 커피를 마신 사람은 고종황제라고 한다. "나는 커피의 쓴 맛이 좋다. 왕이 되고부터 무얼 먹어도 쓴맛이 나는데 커피의 쓴맛은 오히려 달게 느껴지는구나." 황제께서는 서양에서 들어온 국물이라 하여 커피를 '양탕국'이라고 하셨는데 그분에게 커피는 씁쓸한 인생을 잠시나마 담담하게 돌아보고 외로움을 잊게 하는 차였을 것이다. 고종께서는 일본의 압정으로 러시아 공관으로 피신하는 아관파천이 있었다. 그 후 덕수궁으로 환궁하여 말년을 보내셨다.

정관헌은 고종께서 휴식을 취하시고 외교사절단을 맞이하던 곳이다. 지금은 누구나 드나들 수 있게 개방되어 있는데 다른 궁과는 달리 신발을 신은 채 출입할 수 있어 이래도 되나 싶고 괜히 불경한 생각마저 들었다. 재위 기간 민족의 격동기를 겪으며 나라를 빼앗기는 비운의 왕이었다. 근현대사 시간에 처음 '양탕국' 말을 들었을 때는 재미있다고만 생각했는데 지금은 어느새 우리 문화 깊숙이 스며든 서양의 맛에서 우리 역사의 쓴맛과 시대변화가 함께 느껴진다.

1960년대 울진에 처음 커피가 들어왔을 때다. 식후에 숭늉을 마시는 것이 고작이었는데 처음 보는 커피를 어떻게 먹는지를 몰랐다. 티백에 든 것을 터트려 숭늉처럼 가마솥에 끓여서 한 사발씩 마셨다. 쓰니까 설탕을 듬뿍 넣고 먹으니 달콤 쌉싸름한 것이 맛도 있어 심심하면 끓여서 먹었다. 그런 날은 그만 밤에 잠이 안 와 식구들이 모두 눈이 빨개져서 돌아다녔다. 이런 기막히게 재미있는 얘기를 친구가 했을 때 얼마나 배를 잡고 웃었던지 이제는 전설 같은 얘기가 됐다.

어느 해 우리 동네 언니들이 대구역전 다방에서 만났다. 주문 받으러 온 아가씨한테 "마카 커피 주세요." 했더니 모카커피가 마카 나왔더란다. 마카는 '모두'라는 경상도 사투리인데. 그것을 알 리가 없는 아가씨가 '모카'로 알아들었던 것 같다. 원래 모카커피는 예멘의 항구도시 알모카에서 유래된 이름이다.

며칠 전 모임이 있어 연안부두에 갔다가 인천종합터미널에서 버스를 기다렸다. 마침 공정무역 커피점이 있어 카페모카 한 잔을 시켰다. 뜨겁고 달콤하고 쌉쌀한 맛과 향을 음미하며 그야말로 오만가지 생각을 다 했다. 지속 가능한 사회를 강조하던 교수님의 공정무역 커피를 여기서 보니 반갑다. 공정무역커피는 가난한 제3국가에서 재배되는 커피를 공정한 가격에 구입해 유통하는 커피로 농가소득을 보장해준다.

커피의 쓴맛을 알 때 인생을 안다는 말이 있다. 심장의 과열을 커피의 쓴 맛이 잡아준다고도 하니, 심장도 쓴맛을 좋아하기 때문인가. 시인의 몸속엔 커피가 흐른다는 말이 있다. 아침에 머그잔 가득히 아메리카노 한 잔을 마셔야 머리가 맑아지고 온몸이 깨어난다고 한다. 옛날 다방에 문인들이 모여서 커피를 마시며 대화하고 사색하고 영감을 얻어 글을 쓰기 때문에 생긴 말인 것 같다. 창작이라는 외로운 작업이 주는 상처에 대한 위안도 필요하리라.

커피 한 잔에는 사랑과 우정이 들었고 만남이 있기도 하지만 커피를 사이에 두고 얼마나 많은 사연이 오고 갔을까. 기다림과 그리움에 때로는 쓴 술을 삼키듯 쓴 커피를 마시지 않았을까. 쓴맛이 사는 맛일까. 커피에 담긴 위로의 양은 평등하지만 그걸 마시는 사람들의 상처는 결코 똑같지 않다고 한 어느 만화가의 말이 순간 스친다.

다른 음료와 다르게 구수하고 개운한 쓴맛 때문일까. 사십 분을 기다려야 한다던 버스 시간이 커피 덕분에 금방 다가왔다. 커피 한 잔의 여유인가 보다.

지난겨울 덕수궁 미술전시회에 갔을 때다. 마로니에 높은 가지 끝을 아득히 올려다보며 친구와 약속했다. 5월 마로니에 꽃이 피면 꼭 다시 오자고….

부드러운 양탕국을 입에 대고 눈으로 말하며 친구의 훈훈한 마음속으로 산책하고 싶다.

(2012. 10.)

저 언덕을 바라보며

얼마 전 통일부에서 전화가 왔다. 유전자 검사를 위해 혈액채취를 하러 오겠다고 했다.

주사바늘로 피를 뽑으며 나의 유전자로 아버지를 찾게 되기를, 하루빨리 좋은 소식이 있기를 빌어본다. '통일부 이산가족 유전자 검사 및 보관 신청서'와 함께 통일부장관 앞으로 보냈다. 신청서를 들고 인증사진도 찍었다. 2년 전에는 헤어진 동기와 시기, 관계, 전하고 싶은 말 등 인터뷰도 하고 동영상도 찍었다. 통일부에서 몇 년에 한 번씩 신청자의 생사확인 겸 여러 변동사항이 없는지 확인을 한다. 그럴 때마다 눈물을 쏟으며 희망을 가졌지만 매번 허사였다. 만남은 고사하고 생사여부라도 알 수 있었으면 얼마나 좋을까.

그런데 점점 만남을 기대하기가 어렵다. 이제 아버지가 구순을 바라보니 그 세월을 어이 이기랴. 한 가닥 그쪽에 이복형제라도 있다면 그 또한 혈육이니 그런 기적 같은 일이라도 바라고 싶다.

30년 전이던가. 이산가족 상봉 방송을 할 때 친구네 옆집에 사는 용하다는 법사를 만난 일이 있었다. 안동에 살았던 류 서방을 물으니 이 나라 밖에 살고 있으며 머지않아 한 여인을 통해 소식이 올 것이라고 했다. 얼마나 기뻤던지, 그토록 그리던 아버지가 살아계시다니 그 말만으로도 꿈만 같았다. 그때는 무작정 그렇게 믿고 싶었고, 꼭 그럴 것만 같은 생각이 들었다.

여고시절 내가 〈우리의 소원은 통일〉 노래를 목청껏 부르고 웅변대회에 나가서도 통일이 되어야 한다고 외치고 외쳤던 이유이다. 고 정주영 회장이 평화의 소떼를 몰고 금강산을 다녀오고 개성공단에서 만든 옷을 서울의 백화점에서 사면서 곧 좋은 일이 생길 것만 같아 기대를 했다. 대동강, 능라도, 부벽루, 모란봉, 평양이 가보고 싶었고, 진달래꽃 피어있는 영변의 약산도, 선죽교도 보고 싶었다.

어려서부터 나는 늘 언덕을 바라보는 버릇이 있었다. 어머니가 바라보니 나도 따라 그리했다. 어머니는 언덕 위로 오매불망 기다리는 남편의 모습이 보이고 우리를 향해 달려 올 것만 같았으리라. 6·25전쟁 당시 경상도 북부지역으로 인민군이 들어오고, 아버지는 당시 할아버지 상중이라 피난도 못가고, 첫 아이 임신을 한 스물한 살의 아내를 두고 볼 일 보고 오겠다며 떠나간 후 지금까지 소식이 없다. 외삼촌께서는 아버지가 현명하셔서 어디에 있든 어떻게든 살아 계실 것을 믿는다고 했다. "팔자가 어디 있나, 전쟁 탓이지" 하시던 그 어머니, 살아서 나간 사람을 어떻게 기다리지 않겠냐며….

어머니는 새댁 시절 아버지가 가져다준 누에고치 한 말을 손수 베로 짜놓은 명주를 꺼냈다. 한 말의 고치로 백 자(百 尺)의 명주를 짰다고 한다. 밤낮으로 하루에 일곱 자씩 짜고 밤중에도 짜니 시아버지는 쉬라 하시고, 시어머니는 더 짜라고 하시고, 아버지는 그만 하라고 하셨단다. 살아생전 기약이 없어 아버지의 그 명주로 이제 자신의 수의를 지어 놓았다. 그것이 수의가 될 줄이야. 그 옷을 입고 아버지를 만나러 갈 거라며…, 그런 생각을 할 때마다 뼈가 녹는 것 같다시며 말꼬리를 흐린다. 아버지가 얼른 알아보시고 그 곳에서나마 생전에 못다 한 정을 나누기를 빌어볼까.

혹시 아버지와 어머니의 명주를 자투리나마 기념으로 갖고 싶어 남은 것은 없었냐고 여쭤보지만 키가 크신 어머니는 수의를 만들 때 넉넉하게 만드셨다고 하셨다. 남편 생전에 짠 명주를 수의용으로 쓰다니, 기막혀 하신다.

어머니가 만삭이 되어 친정에 가서 해산할 때 할머니께서 재를 올라오시다가 내려오는 사람이 딸을 낳았다고 하니 낙심하고 그 길을 되돌아서 가셨다고 한다. 나의 아버지 없는 설움의 시작이 아니었을지, 아버지가 얼마만 더 후에 떠나가셨더라면 나를 눈에라도 담고 가셨을 것을, 그 눈에 담겼다는 것만으로도 좋았을 것을, 신생아는 처음 들은 그 사람의 목소리를 기억한다는데 그 목소리라도 들려주어 내가 기억할 수 있었다면, 아버지가 살아 계셔도 돌아가셔도 그 한스러움을 어찌 다 말할까. 딸일지 아들일지도 모르는 한 점 혈육, 내가 아들이 아니어서 모두가 애통해하니 일부러 사내아이처럼 행동한 적도 있었다.

　아버지를 본 적이 없고 '아빠'라는 발음조차 해보지를 못해 아기 때는 남자만 보면 울었다고 한다. 언제나 들으려나, 내 아버지 소식을. 어디에서 들어야 하나. 김신조가 남한에 나타났을 때 뒷산 너머에 동해바다가 있는 우리 마을에도 수상한 일이 생겼다. 친구들과 뒷산에서 새가 알을 낳았다고 들여다보다가 흙무더기 속에 신발 끈이 보여 흙을 파서보니 군화와 평양이라고 쓰인 성냥과 젖은 옷가지가 나왔다. 그때 나는 그렇게라도 아버지가 우리를 찾아와 주면 얼마나 좋을까 하고 생각했다. 그럴 때 어머니는 내 입을 막았다. 동네사람들이 겁을 먹고 저녁이면 일찍 불을 끄고 문단속을 했다.

　우리가 국민의례를 하거나 기념식을 할 때 선열에 대하여 묵념을 하는데 언제부턴가 나는 아버지 생각을 한다. 여전히 나를 지켜보고 계시고 평안하신지 안부를 드린다. 그곳이 북녘이든지 하늘 위든지 '저는 잘 지내고 있으니 아버지께서도 잘 계십시오.'라고. 사회자의 '바로' 소리에 깊이 감은 눈을 뜬다.

　그 세월도 다 흘러가고 얼마 전 런던 그리니치 천문대를 가는 길에 해양박물관을 들렀다. 2층 전시장 옥상바닥에 세계지도가 크게 펼쳐 그려져 있었다. 대한민국에서부터 왔고, '런던' 여기에 우리가 있다고 아들이 손자에게 걸어서 다니며 세계지도를 설명한다. 우리 지도는 삼면이 바다이고 북한쪽으로 대륙을 향해 있다. 그 넓은 세계지도에 작은 나라, 그마저 반으로 나누어지다니 참으로 안타깝다.

아들이 엄마 마음을 알기나 하는 듯 통일된 우리의 지도를 그려서 전시장 벽에 기념처럼 보관하는 곳에 잘 걸어둔다. 한 민족끼리 왜 이다지도 소통이 안 되는 걸까. 남한의 경제와 정보기술, 북한의 자연자원이 합해지면 그야말로 대박일 텐데. 탈북민들의 얘기를 들을 때면 한 민족이라는 생각을 더욱 하게 된다. 손잡고 잘 살아보자고 하면 좋을 것 같은데 얼마나 더 기다려야 하는 걸까. 나보다 남을 더 생각하는 우리의 국민성, 인정 많고 배려심 많고 콩 한 쪽도 나눠먹는 우리 인심이 아니던가.

어느 해인가, 홍수에 떠내려 온 북한 소가 38선 경계선인 강 모래톱에서 발견되었다. 유엔의 도움으로 남한에 와서 새끼의 새끼를 낳아 몇 대가 잘 살고 있다고 한다. 정주영 현대회장이 북한으로 몰고 간 '통일소' 떼들도 워낭소리 쩔렁거리며 북한의 들녘 가득히 몰려 다녔으면 좋겠다.

1953년 처음으로 발견하여 인간에게 있다는 유전자. 유골 발굴시에나 친자확인 시 꼭 필요하다는 유전자 검사를 내가 받게 되다니…. 나 역시 특별한 사람들이나 억울하고 기막힌 사람들 중의 한 사람이더란 말인가. 지금도 유골 발굴 작업이 계속되고 있고 생사확인도 하고 있다. 나의 유전자가 어떻게든 그 쓰임을 받게 되기를 간절히 바라는 마음뿐이다.

*2016년 제47회 한민족통일문예제전 경인지방병무청장상 수상작

어머님 전상서

어머님 계신 그곳에도 가을이 가득하겠지요. 이곳 과천에도 가을이 왔습니다. 해마다 이맘때면 고향에 가셔서 가을걷이도 도우시고 자식들 먹이려고 햅찹쌀과 콩, 참깨 등을 힘든 줄도 모르고 이고 오시던 모습이 눈에 선하고 그립습니다.

어머님께서 그토록 사랑하시던 손자들도 오래 연애하며 손잡고 다니더니 보금자리를 이루어 행복하게 잘 살고 있습니다.

제가 정씨 가문에 시집와서 어머니의 외며느리가 되었지요. 어머님의 둘째손자를 낳았을 때 "이쁜 짓을 또 했구나."면서 좋아하셨는데 그 손자가 아들을 낳아 네 살이 됐습니다. 하는 짓이 제 아비를 꼭 닮아 기특하고 사랑스럽기 그지없습니다. 내가 노랫말을 흥얼거리며 "어떤 별에서 태어났길래 눈에 확 띄는 건대, 헤이 베이비~" 하니 "지구별에서 태어났겠죠."해서 주변을 화들짝 웃게 만듭니다. 아직 한글을 모르느냐고 했더니 책을 펴서 좔좔 제 멋대로 읽습니다. 어느 나라 글인지, 외래어인지, 외계어인지,

재치가 신통합니다. 고집은 좀 세지만 할아배 할매 하며 애교도 부립니다.

그 녀석 누나는 6살이 되어 좀 컸다고 제 아빠 보고 "잔소리 그만 하세요." 한답니다. 그래도 제 아빠는 딸 바보예요. 며칠 있으면 자기 생일이라며 주인공으로서 할머니 할아버지를 초대한다고 하네요. 예쁘다는 말보다 멋지다는 말을 더 듣기 좋아하며 태권도를 배우는 당찬 소녀랍니다. 쌩긋쌩긋 웃을 때는 귀엽기 짝이 없습니다.

며늘아기가 애들을 잘 키워서 예쁘고, 따뜻한 밥에 영양식 해 먹이고 가족들 끼니를 잘 챙기는 모습이 여간 고맙지가 않아요. 어머님께서는 그토록 사랑하던 손자들 항상 데리고 다녀서 동네에서도 손자사랑이 소문났었지요. 비가 조금만 와도 우산 챙겨 마중가시고 조금 기다리다가 안 나오면 3학년 교실 문을 여시며 "밍구야!" 하셔서 그때부터 민규의 별명이 '밍구야!'가 되었지요.

한국전쟁으로 남편을 잃으셨을 때 어머니에게는 네 살배기 아들과 겨우 생후 2개월 된 딸이 있었지요. 어머니의 그 어린 아들이 제 남편이 되기까지, 얼마나 고생이 많으셨어요. 어머니는 남편의 시신도 못 찾은 채 평생 한으로 사셨지요. 당시 목수이셨던 남편이 일을 마치고 돌아오는 길에 영문도 모른 채 끌려가서 돌아가셨다지요. 시체가 즐비한 골짜기에서 일주일을 울부짖으며 찾아 헤맸건만 끝내 시신을 못 찾았으니 그 한이 오죽 하셨을까요. 눈물이 앞을 가려 닦고 또 닦으며 이미 부패된 시신들을 헤집으며…. 한국전쟁 중 최초의 민간인 학살사건인 보도연맹 사건이지요. 지금 일부 복권이 됐고 손해배상 청구소송에 있답니다.

 어머님의 그 한 많은 삶이 이제라도 복권이 되어 다행이라고 해야 하는지요. 이십대의 나이로 어린 남매를 키우며 사신 그 한과 설움이 얼마나 많으셨을지, 이제 저도 철이 드는지 더 마음이 아픕니다. 아들과 단둘이 살면서 가족이 늘어나는 게 큰 소망이었겠지요. 두 손자 재워놓은 머리맡에서 담배 한 대 태우시며 애들 아빠의 어릴 적 얘기를 하실 때면 저는 애써 눈물을 참아야 했지요. 애들 아빠가 네 살쯤에 아무것도 못 먹은 채 사경을 헤맬 때 품에서 내려놓으면 영영 잃어버릴 것 같아서 어린 것을 안고 사흘 밤낮을 꼬박 눈물로 지새웠더니 기적처럼 눈을 뜨더라는 얘기, 눈이 많이 쌓여 며칠째 차가 끊겨서 자취하는 아들이 행여 밥 굶을까봐, 쌀 반 가마니를 이고 삼십 리 길을 걸어가서 자취방에 도착했을 때 온 몸이 굳어져 쓰러지셨다는 얘기는 들을 때마다 눈시울을 적시는 말씀이었지요.

 긴 세월 달개비꽃처럼 멍든 가슴을 안고 살아 오셨지만 어린 자식이 있었기에 걸어올 수 없는 눈물의 강을 홀로 걸어오신 어머님! 힘드실 때 따뜻한 말 한마디 건네주는 사람 없이 어려운 가운데서 애비를 훌륭하게 키워주셔서 감사합니다. 당신이 잘 길러주신 덕분에 오늘의 저와 손자들이 행복한 가정을 이루며 잘 살고 있습니다.

 두 손자가 다투기라도 해서 내가 야단이라도 칠 양이면 얼른 막아서며 "나를 야단쳐라"고 하셨지요. 갓난아기 눕혀놓고 어르며 '오이가 크듯 보름달이 크듯 건강하게 잘 자라게 해 주세요' 하며 조상님과 부처님께 비시더니 그 손자들이 잘 커서 각자 가정을 이루어 예쁘고 심성 고운 며느리들이 들어왔지요.

저도 며느리에서 이제 시어머니가 되었어요. 어머니께서 우리 곁을 떠나신 지도 어언 십여 년, 시어머니가 되니 어머님 마음을 더 이해하고 좀 더 잘해 드리지 못했음을 후회합니다. 제 며느리들도 때가 되면 시어머니가 되고 그 마음 헤아리겠지요. 어머님이 저를 끔찍이 아끼고 사랑해 주셨듯이 저 또한 새 식구들을 잘 챙기도록 하겠습니다.

사랑해서 만난 사람들 그 사랑 변함없이 키우고 받은 만큼 내려주어 사랑으로 이어지는 가족이 되기를 바랍니다.

"단단한 땅에 물 고인다. 절약해라. 인정 있게 살아라. 착한 끝은 있다."고 늘 이르시던 어머님의 뜻을 받들어서 어머님의 고생이 헛되지 않도록 명심하겠습니다. 멀리서나마 우리를 항상 지켜주실 거라고 믿으며 생전에 못해 드린 말씀 올립니다.

'어머님, 사랑합니다!'

2013년 10월 10일

며느리 올림

* 편지쓰기공모 수상작(동상)

비단꽃향무 향기롭고

시간이 꽤 흘렀음에도 마취가 풀리지 않는다. 서울대 치과병원에서 예약한 지 두 달여 만에 임플란트 시술을 했다. 사촌언니의 사망 소식에 예약을 미루려고 상담을 하면서 자연스럽게 자초지종을 말하게 되었는데 의사는 진통제를 강하게 처방하겠다고 했다. 내가 겁이 많은 걸 알고 마취를 세게 한 것 같다.

시술이 끝난 후 눈물과 핏물을 삼키며 대구행 KTX에 몸을 실었다. 자주 안부전하며 살자고 약속해 놓고 오늘 내일 미루다가 이런 소식을 받다니 참담하기 그지없다. 한참을 못 본 사이 언니에게 전할 말이 많았는데 그 말 이제 어디로 보내야 하나.

언니가 지어준 한복 입고 어른들께 세배 가고, 그 옷고름 매만지며 수필가로 등단하여 〈옷고름〉 작가가 되었다. 큰아들이 딸을 낳았다는 얘기는 알렸지만 그 귀엽고 참한 모습은 미처 보여주지 못했다. 언니가 손수 지어준 큰손녀 돌복을 아래 손녀에게도 입힐 거라는 얘기도 못했고, 내년에 재건축이 완공되어 입주하면 초대하겠다는 약속도 허사가 되었다. 팔순이 넘어 진행된 병이 한달 입원으로도 회복되지 않아 이리 급히 작별을 했으니 어쩌나. 언니는 가끔 내게 "네 아버지가 나를 사랑한 만큼 나도 너를 사랑하고 위해 줄게"라고 했다.

한국전쟁이 나던 해, 언니가 열다섯일 때 부잣집에서 중매가 들어오자 숙모님은 딸이 살림 걱정 없이 사는 것이 원이라 바로 정혼하고 이듬해 오월에 시집을 보냈다. 숙부님께서 일찍 돌아가시고 안 계시어 첫 신행 때는 숙부님 대신 내 아버지가 상객(上客)으로 신랑집에 가셨다고 한다. 결혼하고 얼마 후 남편이 의용군으로 나갔는데 소식을 몰라 애를 태웠다. 그러기를 몇 달, 어느 날 언니가 친정집에서 문지방을 베고 무심히 마을길을 내다보고 있을 때, 한 남자가 상거지 차림으로 들어왔다. 하얀 광목 저고리는 새까맣고 발은 헝겊으로 칭칭 감았다. 인민군에게 끌려가다가 천신만고 끝에 도망쳐온 남편이었다.

언니는 그렇듯 모진 전쟁을 겪고 어린 나이로 층층시하 고생이 말이 아니었다. 술 좋아하는 남편 때문에 마음고생도 컸다. 술로 인한 병인가, 오십 무렵 형부가 돌아가셨다. 뒤늦게 숙모님도 무남독녀 외동딸을 일찍 시집보낸 것을 후회하며 천둥이 칠 때마다 벌 받을까 무서웠다고 했다. 언니가 혼인 때 받은, 좋은 가문과 혼인하여 인연을 맺고 귀한 여식 맞이하게 되어 감사하다는 안사돈의 서한인 사돈지는 내가 가지고 있다.

언니는 대구의 유명한 왕실주단 전속 한복 명장으로 평생을 일하면서 라디오를 친구 삼아 앉아서도 세상을 내다보고, 야구를 좋아해서 응원하는 숨은 열정도 있었다. 지적 호기심도 있어 궁금한 것도 많았다. 앉아서 일을 하니 운동 부족으로 건강이 좋지 않았다.

숙모님이 돌아가셨을 때 큰고모님은 영정 앞에 앉아 "형님아! 부디 형님 딸내미 전실이 몸 아픈 거 싹 걷어 가거라. 가다가 무겁거든 강 건널 때 버리고 가거라." 하며 밤새도록 울며 말했다. 그 덕인지 언니는 팔십이 되도록 잘 살고 있다며 걱정하지 말라고 했다. 네가 있어서 좋다며 부디 안부 자주하며 살자더니, 그 사랑을 이제 곁에서 나눌 수 없으니 안타깝다.

해마다 사월에 모이는 팔촌계에는 안동역에서 언니를 만났고, 정거장까지 오빠가 마중 나오던 고향 가는 길을 그리도 좋아했다. 평소 일만 한 언니가 언제 윷을 놀았을까, 윷도 잘 놀고 윷말도 잘 썼다. 만날 때마다 손 꼬옥 잡아주고 마주보며 웃어주던 언니, 그 사랑 보답도 못했는데 홀연히 먼 길을 떠나시다니….

외아들이 결혼하여 손녀 둘, 손자 하나 두었고 손서도 보고 손부도 봤다. 증손주도 셋이나 두어 재롱을 보며 즐거워했다고 한다. 손자 손녀 자랑에 이제 증손주들 자랑이 이어질 판인데 미처 다하지 못했지만, 이젠 하늘나라에서 그들을 흐뭇한 마음으로 내려다보리라.

내가 비즈 공예로 반지, 팔찌, 목걸이를 만들어 선물하니 그리도 좋아하던 언니, "어찌 이리 엮을 수 있는가." "옳게로 안 그런가? 이 사람아!" 하며 특유의 말투로 잔잔히 눈웃음을 짓던 모습과 그 목소리 다시 들을 수 없다. 나는 감히 알 것 같다. 사느라, 여기까지 오느라 무던히 애썼다는 것을. 그런 언니이기에 편히 쉬시기를 빈다.

영원히 아름답다는 꽃말을 지닌 비단꽃향무는 비단처럼 곱고 향기가 빼어나다. 언니는 그 꽃을 닮았다. 언니는 비단꽃향무 가득하고 향기로운 그곳에서 영면을 누리고 계시리. 그 영혼, 천사들과 함께 비단옷 입고 거닐며 산책도 하시리. 맑은 바람이 이마를 스치고 나뭇잎이 나부끼어 새들이 온갖 재롱을 멈추지 않고 지저귀는 소리를 들을 때면 휴가 때마다 함께 갔던 영주 부석사, 죽계계곡, 대구 동화사, 봉화 오전 약수 등등 즐거웠던 그 날 생각도 하시리.

몸도 마음도 아픈 날이다. 눈은 부었고 볼도 부었다. 입안이 불편하니 먹을 수도 없다. 그래야 맞다. 언니는 병실에 있을 때 분명 내 생각했으련만 지나치게 깔끔한 성격이라 마음만 썼으리라. 나는 생각이 굴뚝같은 데도 안부를 미루고 자주 만나지 못한 것으로 더 아파야 마땅하다.

하나뿐인 핏줄 동생이 보답하지 못한 사랑과 미안함도 잊고, 언니의 아픔과 나쁜 기억들은 레테의 강에 씻고, 선한 기억은 에우노 강에서 새로 받아, 그곳에서 영원한 안식을 누리길 빌고 또 빈다. 부디 안녕히 가시라고 삼가 큰절로 마지막 인사를 올린다.

(2017. 3.)

국수 한 그릇

한여름 밤 손국시로 이른 저녁을 먹었다. 약쑥으로 모깃불을 피워놓고 어린 우리는 평상에 누워 할머니의 옛날 얘기를 듣곤 했다. 또 어른들이 나누는 동네일이나 이웃마을의 소문도 귀 너머로 듣기도 했다. 캄캄한 밤하늘에 보이는 건 반짝이는 별밖에 없어 우리는 늘 별을 헤고 별똥별이 떨어지면 재빨리 소원을 빌었다.

마을에는 그 무슨 반가운 것이 오는가보다. / (중략) / 마을을 구수한 즐거움에 싸서 은근하니 흥성흥성 들뜨게 하며 이것은 오는 것이다. / (중략) //
이 조용한 마을과 이 마을의 으젓한 사람들과 살틀하니 친한 것은 무엇인가. / 이 그지없이 고담枯淡하고 소박한 것은 무엇인가.
— 백석, 〈국수〉 부분

시인의 〈국수〉라는 시에서 내 어릴 적 고향의 잔칫날이 떠오른다. 우리 동네의 풍경이 꼭 이러했다. 잔치국수는 혼인날이나 회갑연에 먹었던 데에서 생겨난 말이다. 지금도 고향 안동에서는 혼기에 찬 처녀나 총각들에게 "국수 언제 줄 거냐? 국수 먹자."고 한다.

예식장이 없던 그 시절, 동네 언니가 전통 혼례로 시집가는 날에는 괜히 설레고 즐거웠다. 마을이 온통 축제장이었기 때문이었다. 골목이 분주했고, 아이 어른 할 것 없이 호기심과 구경거리로 들썩였다. 신랑이 먼데서 동네 어귀에 도착하면 부쩍 활기를 띤다. 처녀들도 담 너머로 몰래 신랑 구경을 하며 키가 훤칠하다, 점잖게 생겼다 한마디씩 하면서 은근히 부러워하기도 했다.

큰집 생이 언니가 시집가는 날, 언니보다 형부 키가 많이 커서 방석을 몇 개나 고여 놓고 그 위에 올라서서 혼례를 치렀다. 그날 손님에게는 대청마루와 마당 천막 아래로 공반상을 내보내는데 잔치국수와 식혜, 떡, 한과를 곁들인 상이다.

나는 그 시절 동네잔치 때 먹던 그 맛을 지금도 변함없이 좋아한다. 우리는 한여름 콩국수도 가끔 먹지만 어머니는 유독 잔치국수만 좋아하신다.

초여름 밀이 익으면 불에 그슬려 밀사리를 해 먹기도 하고, 밀꼬투리를 생으로 비벼서 한 웅큼 먹으면 쫀득해서 껌처럼 씹기도 했다. 손국시는 밀가루에 날콩가루를 넣고 반죽해서 홍두깨로 암반에 밀면 얇은 보자기처럼 된다. 그 순간 손님이라도 올라치면 한 번 더 늘리면 된다. 얇게 밀어 착착 접어 식칼 두께 정도로 썬다. 썰다가 반 뼘 정도 남긴다. 펼쳐서 자르면 네다섯 조각이 된다. 짚불에 살짝 올리면 벙긋 부풀어 오르며 노릇하게 구워진다. 우리는 그것을 '국시꼬리'라 불렀고 과자 같아 맛도 좋아서 손국시를 하는 날은 지키고 섰기도 했다. 그러나 가끔 어머니가 꼬리를 안 남겨 주는 날은 야속했다.

국수는 장수를 의미하기도 해서 생일날이나 경사스런 날에 먹는 것은 긴 국수 가락처럼 면면히 좋은 일이 생기고, 수명이 오래 이어지기를 바라서다. 하지만 초상이 났을 때는 국수는 해먹지 않는다. 슬픔이 이어지면 안 되고 행여 줄초상이 나면 큰일이기 때문이다. 대신 지금과 달리 예전에는 흰죽을 먹었다.

안동국시는 밀가루에 콩가루를 섞어 반죽하여 소 살코기와 사골로 육수를 내어 삶아낸다. 안동국시의 특징은 면발이 얇고 가늘고 부드럽고 정성을 들여 홍두깨로 반죽을 밀어서 그 쫄깃함이 뛰어나다. 주로 양반가에서 즐겨먹었는데 안동은 제사 문화가 발달한 지역으로 종가를 찾아오는 많은 손님들에게 안동국시를 대접했다.

자주 찾던 백운호수의 '안동국시' 집이 아파트 건축개발로 인해 이 가을을 마지막으로 이주를 한다고 한다. 부드럽고 구수하고 따끈한 국물에 칼칼하고 맛깔스런 양념장, 반찬으로 나오는 깻잎까지 별미였다. 바라산에 신록이 번져가거나 호숫가에 벚꽃이 만발할 때, 함박눈이 퍼부어 산마을을 덮을 때도 우리는 이곳을 찾곤 했다. 2층 창가에서 국시를 먹으며 가을산을 바라보기도 하고, 산자락을 걷다가 말없이 앉아 흐르는 개울 물소리를 듣기 좋아했는데 아쉽기만 하다.

사실 그 안동국시 집은 고향 친구가 나보다 더 좋아했다. 친구는 외국에서 십여 년 사는 동안 고향에 홀로 계신 어머니를 무척이나 그리워했다. 눈이 어두워 바깥출입이 어려웠던 어머니는 귀국한 지 얼마 후 세상을 뜨셨다. 이제서야 친구의 마음을 짐작한다. 국수가 안동 사투리인 '국시'로 바뀌어 더 고향이 생각났을 것이고 어머니 손맛을 연상케 했는지도 모르겠다. 장날이면 반찬과 양식을 이고 자취방에 오셔서 챙겨주고 가셨다던 친구 어머니, 그때 장터에서 함께 장터국수를 먹었다고 했다. 어머니 얘기를 할 때면 고개를 들지 못하던 친구였다.

백석 시인의 시를 읊으며 안동국시와 눈 덮인 고향, 보고 싶고 그리운 친구 생각에 잠이 안 온다. 그 친구도 이 동짓달 눈 소식이 있는 밤, 국시 생각하지 않으려나. 쓴 커피를 마시며 "달다, 달아 달콤해." 하던 그 친구 만나고 싶다.

'안동국시' 집이 어디로 이주를 했는지 함께 가서 따뜻한 국수 한 그릇 먹고 싶다.

팔촌계

고향 무실은 류가 집성촌으로서 사백 년 세거지였지만 임하댐 수몰지구가 되면서 수몰지 위쪽으로 30여 가구만 남았다. 일가 대부분은 멀리 선산군 해평면 일선리로 집단 이주를 하게 되었다. 고향 친척들이 88 서울올림픽 구경을 왔다가 팔촌계를 만들었다. 그 덕에 해마다 유사(有司)*를 두 분씩 정해서 고향에서 만난다. 나는 5년 전에 처음 참석하고 이번이 두 번째다.

안동역에서 대구에 사는 사촌언니를 만나서 고향으로 향했다. 이번에는 청송형님 댁에서 집들이 겸해서 제 종반들 사십여 명이 모였다. 율네형님, 돈골형님, 삼산형님, 들깨이 언니는 벌써 와 계신다. "일찍 왔는가?" "형님 오시니껴." "좋이 잘 왔다."며 다들 반긴다.

식사 전에 그 옛날 혼례 때 먹던 공반상*처럼 술상이 나왔다. 거제도 딸이 가져온 생굴, 생선회와 잡채, 안동식혜가 특별하다. 청송형님에게 이쁜 딸들이 있어서 좋겠다고 하니 막걸리 한 잔을

드시고 춤까지 추신다. 청송형님네의 새 집이 근사하다. 천정도 높게 하고 벽은 도배 대신 나무로 마루를 짜듯 덧대어 특별하다. 짜임새 있는 넓은 집 안, 거실에서 내다보이는 눈높이가 같은 앞산 마루 풍경이 그림 같다.

저녁상이 나왔다. 우리 향토음식들로 차려진 성찬이다. 청도 미나리 쌈채소, 가자미 양념구이, 멍게, 꼬리곰탕 등등 산해진미이다. 이곳 안동은 문어가 없으면 잔치를 못한다는 말이 있듯이 역시 문어 맛이 최고다. 쌈채소는 청송형님 동생이 직접 가꾼 무공해고, 가자미 양념구이는 쇄골형님 며느리가 만들어 왔다.

다들 맛있게 드신다. 여기 백설기는 찹쌀을 넣지 않고도 물 반죽을 잘해서 부드럽고 구수하다. 안동식혜는 안동 고유의 음식이다. 붉은 고춧가루 물에 엿기름, 밥, 무, 당근, 땅콩 등을 잘게 썰어 넣고 삭힌 발효음식이다. 설날 주로 먹었던 음식인데 정말 오랜만에 맛보았다. 소화가 잘되어 과식을 해도 이 식혜를 먹으면 배탈이 안 난다. 아삭하고 시원한 맛이 일품이다.

얼마나 좋은가. "우리가 남이가." 하며 농담처럼 말하지만 남이 아니다. 예전에는 한 지붕 아래 살던 한 가족이다. 집집이 잘 사는 아들과 딸들이 기부를 하여 회비도 없다.

사촌언니는 손수 지어 입으신 빛깔 고운 한복이 잘 어울려 맵시 있고, 웃는 모습도 참 고우시다. 요즘 사람들은 우리 옷을 잘 입지 않고, 개량 한복은 아무래도 우리 옷 같지 않아서 안타깝다고 하신다. 평생 대구의 왕실주단 전속으로 한복을 하신 분이다.

잠깐 집에 들른 들께이 언니를 따라 가보니 "나 없다."는 뜻으로 끈으로 대문을 묶고 다니신다. 빨랫줄에 널린 속옷 한 장, 양말 한 켤레, 치마 한 벌이 정겹다. 다리가 아프신 데도 아직 유모차를 밀고 다니고 싶지는 않단다. 인정 많고 마음씨 좋은 언니다. 강정 형님은 33년 전 수유리에 사실 때 돌 지난 아들을 데리고 놀러갔는데 밥도 맛있게 해주고 오빠가 아이에게 쥐어준 골프공은 아직도 아들 서랍 속에 들어있다. 다리가 불편하신 듯 천천히 걷고 두 분이 항상 손을 꼭 잡고 다니신다.

윷판이 벌어졌다. 류가 대 각성(며느리, 사위)의 대결이다. 모두가 선수다. 평생을 모이기만 하면 윷을 놓고 즐기기 때문이다. 윷판을 '건궁말'이라고 하여 판이 없이 각자 머릿속에서 쓰기도 한다. 이보다 더 즐거울 수가 없다. 이길 때는 원하는 대로 모가 나오고 윷이 나온다. 질 때는 반대다. 도와 개만 나오고 잘 나가다 잡히고 말이 합쳐서 가다가 잡히면 그런 낭패가 없다. 딸네들이 이기면 웃음소리 노랫가락이 드높고, 지면 난리가 난 듯 시끄럽다. 윷을 두 차례 놓고 늦게 잠자리에 들어서는 또 사투리 가지고 웃느라고 잠은 두 시간밖에 못 잤다.

장실이 언니는 윷놀이할 때 춤도 잘 추고 놀기도 잘하고 우기기도 잘한다. 무실 딸네는 기가 세지 않고 순한 편이다. 어른들의 불호령이 하도 심해서 기가 죽은 탓이란다. 올해 환갑인 신안 형님은 2시간 자고도 아침 산책하고 아침상까지 차린다. 늘 웃는 얼굴에 피곤한 기색이라곤 없다. 대구 언니가 그런 사람 없다고 칭찬할 만하다.

　집 뒤편으로 황산사 올라가는 길은 아직 일러 풀섶은 회색이고 소나무만 푸르다. 호수가 된 물 담은 마을은 숲이 우거진 여름보다 훨씬 더 넓어 보인다. 화창한 봄날 전통의 향기가 숨 쉬는 고향 골목길을 걷는다. 기류정 정자에 올라보고 종갓집, 정려각, 기양서당에도 들렀다.

　종친 형님들은 요즘 핵가족과 달리 전통마을의 대가족하에서 집안 대소사에 문중 일에 가슴은 뜨겁다고 말을 하지만 무뚝뚝한 오빠들과 사느라 고생도 많았으리라. 여전히 밝게 웃는 모습에 존경스럽기만 하다. 사람들에게는 모두 나름대로 한 권의 책이 있다고 하는데, 펼쳐보아도 한 글자 없지만 항상 한 빛을 발하고 있다는 불교경전의 말은 이 분들을 두고 한 말일 게다. 고향이 있고 종친이 있어 즐거운 고향 나들이, 앞으로는 정해진 사월 그 날에 빠지지 않고 가리라.

(2011. 4.)

　＊ 유사(有司): 단체의 사무를 맡아보는 직무
　＊ 공반상(共飯床): 혼례가 끝나고 초례상에 오른 과일과 인절미를 하객들과 나누는데, 이 상을 '공반상'이라고 한다. 상이 차려지면 함께 둘러 앉아 뒤풀이가 한바탕 벌어지는데, 전통혼례에서만 볼 수 있는 광경이다.

아들네 가족

도깨비불

도깨비불이 나타났다가 눈 깜짝 할 새 흔적도 없이 사라졌다. 어딘가에 숨었다가 금방 다시 나타날 것만 같아 마음이 안 놓인다. 마루에도 걸레에도 아무 자국이 없으니 숨은 것만 같다. 허깨비 불을 본 듯 가슴이 뛴다.

아홉 살 손자와 둘이서 탁구공 놀이를 했다. 발로 핑퐁을 하다가 손자 녀석이 발바닥과 발가락을 이용해서 공을 어떻게 했는지 저 만큼 가다가 부메랑처럼 되돌아온다. 여기저기 부딪치다 돌아오는 소리도 경쾌하다. 재주가 대단하다고 하니 공을 뒤로 밀어 보내면 되돌아오는 거라며 제법 원리를 말한다. 그러다가 그만 공이 반쯤 찌그러졌다.

안타까워하는 손자를 위해서 어디서 들은 기억으로 가스렌지 불에 구으니 조금씩 되살아났다. 거의 원형이 되었는데 완벽을 바라다가 그만 불이 붙고 말았다. 그 공을 잡으려다 놓쳐 가볍게 달아났다. 두 번째서야 잡혔다. 순식간에 일어난 일이다. 손자도 나도 놀라 금방 진정이 안 되었다. 손자에게 "괜찮아?"하니 "엄마 보고 싶어요." 한다. 어미를 찾는 것을 보니 걱정이 됐나보다. 순간의 부주의가 큰 일로 번질 뻔했고 예기치 않게 위태로운 일을 당할 뻔한 것이다.

아들 내외가 해외여행을 가서 손자를 며칠째 돌보는 중에 일어난 일이다. 손자는 이미 이런 교육을 받은 듯 젖은 수건으로 덮쳐야 한다고 한다. 오히려 좋은 경험이 되지 않았으려나 위안한다.

이불 홑청

이불 홑청이 뜯어져 있다. 애들이 발을 넣어서 터진 자리가 더 커졌나 보다. 미처 정리를 못한 듯하다. 11세 손녀는 아빠가 촉감이 좋다고 아끼는 거라서 엄마가 버리지 못했다고 한다.

처음에 박음질을 하니 손녀가 왜 바늘이 뒤로 가느냐고 해서 그러면 시침으로 빨리 하자고 했다. 바늘이 짧아 한 번에 세 땀으로 시쳤다. 계속 지켜보는 손녀를 보며 한번 해보고 싶으냐고 물었다.

손녀는 바늘에 찔릴까봐 무섭다며 할머니가 실수할까 봐 지키는 거라고 한다. 할머니가 바늘을 잃어버릴까 봐 걱정, 손을 찌를까 봐 걱정, 언제 다 할까하는 걱정 등이 많다. 사실 할머니들은 가끔씩 실수를 하더란다. 외할머니도 그렇고 TV를 볼 때도 실수를 하더란다. 걱정 말라며 보란 듯이 말짱하게 꿰매놓았지만 탁구공을 태운 일은 그 아이 말이 맞았다.

 이다음에 오시면 약도를 그려놓겠다 고도 한다. 바느질 그릇, 손톱깎이, 가위 등을 찾을 때마다 손녀 이름을 불러대니 그럴 만도 했겠다. 손자는 할아버지가 자기 보고 지 아빠 이름을 부르더라고 한다. 그 반대일 때도 있다. 나는 손자를 부를 때 손녀 이름 부르기가 일쑤다. 손자 손녀와 4박 5일간의 생활이 즐거웠고 별 탈 없어 다행이다.

 엄마 아빠가 없으니 어린 저희들이 책임감도 느꼈으리라. 어느새 커서 우리를 지키고 보살피는 나이가 됐다. 손녀는 태권도 몇 급이고 손자는 풋살 선수이다. 탁구공을 살리려다 탁구공을 죽였다는 손자의 말에 쓴 웃음을 짓는다.

예쁘게 말해요

재아와 영상 통화를 한다. 할머니의 사투리가 걸렸는지 또박또박 한마디 한다.
"할머니, 말을 예쁘게 해야 돼요."
손녀 재아가 네 살 때 일이다.
두 돌때 제 아비 직장을 따라 런던으로 갔다. 3개월 먼저 출발한 아비의 부재를 아이도 피부로 느꼈는지, 그때는 툭하면 쇼핑백을 팔에 걸고 현관문을 아장아장 나서곤 했다.
"재아, 어디 가니?"
"아빠 만나러"
"아빠 어디 가셨는데?"
"런던에 비행기 타고 갔어."
귀엽기도 하고 안쓰럽기도 했다.
그러던 아이가 1년 후에 잠시 다니러 왔을 땐 키가 부쩍 커서 대견했다. 제 딴엔 반가워 어쩔 줄 모르겠다는 듯, 고개를 뒤로

젖히고 눈을 질끈 감은 채 활짝 웃었다. 어디서도 본 적 없는 재아만의 모습이다. 우리도 뒤로 넘어갈 듯 떠들썩하게 반겼다.

제 아비는 딸바보다. 재아는 아비 몸이 놀이기구인 양 자유자재로 올라타고 매달리고 어깨에서 미끄럼을 탄다. 그렇게 놀 수 있는 것도 한때라며 아비는 딸에게 기꺼이 몸을 내맡긴다. 밤늦은 시간엔 모두 자나 싶었는데 재아 노랫소리가 계속해서 들린다. 알고 보니 아비는 딸의 노래를 들으며 잠이 든 지 오래고, 딸은 잠을 쫓아내며 노래를 부른다.

아들네는 한 열흘 휴가차 왔을 때이니 함께할 시간이 길지 않았다. 온다는 소식을 듣자마자 나는 핑크빛 실을 사서 재아의 모자를 짜며 기다렸다. 모자를 씌워보니 마치 동화에 나오는 예쁜 소녀아이 같았다. 재아는 익숙하지가 않은지 모자를 자꾸 벗으려 했다. 그러던 중에 재아를 데리고 집 앞 도서관엘 갔다. 그때 마침 로비에서 〈빨간 머리 앤〉 행사가 있었다. 동화의 내용과 주인공 앤을 그린 그림도 전시 중이었다. 나는 동화책을 찾아서 재아에게 읽어주면서 "앤이랑 할머니랑 친구들도 모자를 쓰니까 예쁘네. 그렇지?" 하면서 은근히 동의를 구했다. 내 말을 가만히 듣고 있던 재아는 그 후엔 혼자 모자를 쓰고 손거울로 비춰보더니 공원에 갈 때도 곧잘 쓰고 다녔다. 함께한 시간이 꿈인 듯 지나가고 아들네는 다시 떠났다.

우리는 종종 동영상으로 소식을 받는다. 얼마 전엔 스페인으로 여행을 갔다며 근황을 알렸다. 선글라스를 쓴 재아가 휴양지에서 멋있는 청년과 눈이 마주치니 반갑다고 손을 흔든다. 청년도 응답을 한다. 갓난아기도 예쁜 사람을 알아본다더니 재아도 멋쟁이를 아나보다.

학교에 간지 삼일 째 되던 날엔 "오늘은 한 번도 울지 않았어요."라며 자랑도 했다. 거기서는 유치원을 학교라고 하는 것 같다. 말씨도 생김새도 다른 사람들이 사는 낯선 나라에서 단 몇 시간이라도 엄마 아빠와 떨어져 지내야 한다는 게 얼마나 불안했을까. 아이가 그 곳에서 산 지 몇 해 되지 않았으니 오죽 두려웠으면 학교에서 울었을까. 그래도 당하는 대로 살아야 되지 않겠나, 그래서 적응이라는 말이 있지 싶다.

오늘 받은 영상엔 재아가 소녀시대의 멤버처럼 춤추는 모습이 담겨있다. '코로나19' 사태로 운동이 부족하고 우울하던 참에 춤추는 재아를 따라해 본다. 집안에 웃음꽃이 핀다. 귀여운 나이, 자식은 네 살까지 평생의 효도를 다 한다는데 그 말이 맞는 것 같다.

사람은 누구나 태어날 때 이미 자기의 씨앗을 품고 나온다는 말이 있다. 어릴 때 기억은 세포에 남는다고도 한다. 예쁘게 말하세요. 재아는 제가 한 말을 아직도 기억할까.

삶은 생각하는 대로, 말하는 대로 살아진다. 재아는 차츰 동요의 세계에서 벗어나 어른이 될 것이다. 내가 짠 모자도 점점 머리에 맞지 않을 것이다. 재아가 낯선 땅에서도 예쁜 말씨와 품성을 잊지 않기를, 지금의 시간이 훗날 삶의 자양분이 될 수 있기를…. 나는 재아의 모자를 한 땀 한 땀 짜듯 마음을 모은다.

행복한 꿈꾸기

　십 년 이십 년 후, 여전히 나는 어른 여자이고 건강한 공주(공부하는 주부)일 것이다. 10년 전과 지금이 이렇듯이 꿈꾸는 동안 나는 동안이며, 젊어 보이는 것이 아니라 실제로 젊을 것이다. 10년 전의 나보다 지금의 내가 조금은 자신감과 경험이 생겼듯이, 그때도 나는 나이를 먹은 만큼 여물어 있을 것이다. 늙는 것도 기술이라고 했으니 노력해야 하리라.
　"느린 것을 두려워하지 말고 가만히 서 있는 것을 두려워하라."는 말이 있다.
　어느 어르신은 95세 생일 때 쓴 글에서 65세 생일로부터 30년을 후회한다고 썼다. 이미 늦었다고, 이제 무얼 하겠느냐고, 아무것도 시작하지 않은 것이 어느덧 30년이 흘렀다고 했다. 나의 30년 후 그 날을 상상해 본다. '그래, 그때 그 일이라도 시작하길 잘했어. 포기하지 않기를 잘했어. 꾸준히 노력해줘서 고마워'라고, 몸과 마음 그리고 내 삶에 흐뭇한 미소를 지어 줄 수 있으면 좋겠다.

내 몸은 지척에 있는 관악산 청계산을 자주 오르게 하자. 갈 때마다 좋다고, 오길 잘 했다고 하면서도 게으름을 부릴 때가 많다. 계절마다 변하는 산이 얼마나 좋은가. 특히 오월 산철쭉이 필 때 양지바른 관악산 소나무 길은 편안하고 아늑해서 좋다. 저절로 건강해질 것만 같다. 어느 해인가 내가 손자 출산바라지를 하느라 동네를 얼마간 떠났을 때, 산철쭉 꽃이 만발했지만 네가 없으니 향기가 없다고 하던 친구의 말이 있었듯이.

친구도 고맙게 생각하자. '우(友) 테크'라는 말도 있다. 소중한 나의 친구들을 정성을 다해 서로 아끼고 사랑할 일이다. 우정은 인간이 신에게서 받은 최고의 선물이라고 했다. 어렵고 힘들 때 힘이 될 수 있는 친구, 친구를 제2의 나처럼 생각하는 친구가 있다면 서로 봉사를 요구하기보다 봉사할 각오를 가져야 한다. 인간의 본성은 혼자 있는 것을 싫어하여 버팀목에 기댄다고 한다. 절친한 친구야말로 최상의 버팀목이다. 진실한 우정으로 풍요롭고 행복한 삶을 가꾸고 싶다.

마음은 항상 바르고 조용했으면 좋겠다. 집 앞 정원 같은 중앙공원과 과천서울대공원에서 산책하며 꽃, 나무, 새들과 친구하고 그들로부터 자연의 이치를 배우고 싶다. 양재천 길을 물 따라 걸으면서 풀꽃과 잉어 왜가리와도 친하고 싶다. 세상 모든 것이 자연이고 친구이자 동료이다. 나 또한 우주의 딸이다. 치우치지 않고 순리대로 살되 약간의 열정은 있었으면 좋겠다.

여행도 가자. 나는 늘 여행을 계획하고 꿈꾼다. 만 리를 여행하고 만 권의 책을 읽으면 저절로 예술가가 된다고 했던가. "독서는 앉아서 하는 여행이고 여행은 서서하는 독서"라고 한다. 그것만큼 설레고 경이로운 것이 또 있을까. 저마다 색다른 문화와 풍경이 좋았다. 하루하루가 놀랍고 감탄하는 행복의 연속이었다. 낯선 마주침, 자연과의 만남, 예기치 못한 일들, 색다른 경험이 좋다. 여행은 삶이다.

봉사도 하자 어렵게 취득한 사회 복지사 자격증도 있으니 뭔가 내가 할 수 있는 일을 찾아 봐야겠다. 지금 하고 있는 봉사도 더 열심히 하자.

취미로 하는 사군자 동아리. "병풍을 하나 만드는 게 꿈"이라고 했더니 아들이 "그러면 잘 그리셔야 합니다."라고 했다. 그 기대만큼 그리고 싶다. 시간을 내자. 내 손으로 만든 병풍 앞에 앉은 나를 상상해 본다.

카메라 박물관 '청춘 카메라, 인생을 그리다' 동아리에도 참여했다. 여행을 가게 되면 추억을 남기고 싶어서다. 순간이 역사로 남는다.

노래하고 싶다. 학창시절 음악시간에 한 목소리로 하모니를 이루어 합창할 때 즐거웠던 기억을 다시 느끼고 싶다. 여러 사람들과 어깨를 나란히 하고 목소리를 가다듬어 화합해 보자. 아들이 치던 피아노가 가구로 남아있다. 안타까운 일이다. 양손으로 피아노를 친다는 것은 쉽지 않을 것 같아 망설여지지만 어떻게든 사용을 해야겠다.

어머니를 자주 찾아가 뵈어야 한다. 서울에서 가장 시간이 많이 걸렸던 곳이지만 이제 새 길이 생겨 많이 단축됐다. 올 12월에는 철도가 놓이고 기차도 다닌다. 멀다는 이유로 자주 못 간 그동안의 시간을 보상하고 외롭지 않게 말벗도 되어 드리고 맛있는 것 같이 먹고 옛날 얘기도 들어야겠다. 어머니가 내 곁에 오래오래 계시기를 소망한다.

1년 전에 입었던 운동복이 작아져서 못 입게 되었다. 그 동안 운동을 게을리 한 탓이다. 다시 열심히 하자. 햇살 아래 많이 걷고 명상도 하자. 건강보다 더 중요한 것은 없다. 좀 더 내 몸을 사랑하고 보살피고 관리하자. 몸과 맘을 합해서 '뫔'이라고 한다고 요가 명상시간에 배웠다. 몸과 마음이 하나라는 뜻이다.

정보도서관 프로그램 '내 마음에 들어온 시'를 잠깐 공부했다. 수필 공부도 하고 있다. 꽃을 보며 문학하는 사람들은 더 아름다워 하고 신비로워하고 행복해한다. 사라지는 것들을 문자로 잡아놓는다. 흥취는 시로 쓰고 수필은 체험과 사색을 적어서 깨달음을 얻는다. 문학이 존재하는 것은 문자가 주는 주술적인 힘이 있기 때문이라는 말이 있다. 내 삶을 수필과 시로 써보자. 집 한 채 사는 것만큼 어렵다는 수필집과 시집도 내자.

오랜 세월 홀로이 사신 어머니를 잘 모시며, 못 가본 나라, 가보고 싶은 나라를 가는 꿈을 꾼다.

노래하고, 춤을 추며 건강을 챙긴다.

시를 쓰고 수필을 쓰며 매화를 치며 일상을 보낸다.

이 모두가 허망한 꿈일지라도 나는 꿈꾼다.

행복은 간이역에 있다던가, 꿈은 포기하지 않으면 도착한다. 그리하여 내 삶을 즐기고 주어진 분수에 만족하며 살자. 사물과 자연을 더 자세히 보고, 오래보고, 귀 기울여 보자. 자연을 노래하고 싶다. 어느 설문조사의 항목처럼 "오늘도 존중받았나, 많이 웃었나, 재미있는 일을 했나." 나에게 스스로 물을 것이다.

부재와 현존의 서사와 본향(本鄕)의 세계
— 류외순의 『푸른 언덕의 노래』

민명자
문학평론가, 수필가

1. 푸른 언덕을 향하여

　한 사람의 인생 여정은 한 권의 책에 곧잘 비유된다. 생물학적인 탄생과 죽음의 순간은 오직 한 번 주어질 뿐, 인생은 이생(二生)이나 삼생(三生)이 아닌 일생(一生)으로 그치기 때문이다. 그러나 각자가 처한 여건에 따라 삶의 양태는 달라진다. 평생을 평탄하게 살아가는 사람이 있는가 하면 수십 수백 권의 책에 비견될 만한 삶을 살아내는 사람도 있다. 짧은 듯 긴 듯한 인생길을 통과하는 동안 겪는 굴곡과 풍파의 수위와 넓이에 따라 인간 삶도 바뀐다. 이처럼 다양한 뿌리가 있어 문학을 포함한 모든 예술과 학문 및 철학과 종교 등도 꽃을 피울 수 있다. 서로 다르기에 바람직한 향방을 모색하며 꿈꿀 수 있는 것이다. 그러한 길 찾기의 문자화된 구현물이 문학이다. 세상만사가 단색으로 칠해진 캔버스처럼 여일(如一)하다면 굳이 글을 쓰고 읽을 필요가 있겠는가. 문학 창작과 독서의 묘미는 이와 같은 다양성이 낳는 '차이'에 있다.

이를 통해 우리는 정신적으로 거듭 태어나 다생(多生)의 존재가 될 가능성을 여는 것이다.

  창작과 독서 사이에는 공통으로 '읽다'라는 행위가 개입된다. '읽다'는 또한 읽히는 대상으로서 텍스트를 전제한다. 세상 풍경도 인간사도 책도, 모두 텍스트이다. 책을 텍스트로 삼을 경우 독자와 동행하는 이는 지은이일 것이다. 지은이는 세상을 읽고 독자는 그 궤적을 읽으며 미지의 세계와 만난다. 글에 따라 경중과 농도의 차이가 있겠지만 사변적 요소가 농후한 글에서는 지적 체험을, 감성이 풍부한 글에서는 오감(五感) 체험을 한다. 때로 고개를 끄덕이거나 내저으면서 공감이나 비판의 시선을 나누거나, 지은이가 미처 보지 못한 저 너머의 세계를 좀 더 촘촘하게 혹은 넓게 읽으면서 텍스트는 독자 안에서 재탄생하기도 한다. 수필은 장르 특성상 실제 체험의 요소가 강하다. 특히 동일수필가가 지은 한 권의 수필집에는 한 편씩 간헐적으로 읽을 때 파악되지 않던 사유체계나 삶의 줄기가 드러나기도 한다.

  『푸른 언덕의 노래』에선 어떤 세계와 만날 수 있을까. 《계간수필》에서 「거문오름의 신비 속으로」(2015. 겨울. 초회추천)와 「옷고름」(2016. 가을. 완료추천)으로 등단한 류외순 수필가의 첫 수필집이다. 총 53편의 작품이 5부로 나뉘어 수록되었다. 고향을 원천으로 하는 서사와 이미지, 자연과의 대화, 여행기, 가족사, 자아의 정체성과 존재에 대한 물음 등이 '서정·서경·서사'의 풍경 안에 있다.

글쓰기를 집짓기로 본다면 수필집 『푸른 언덕의 노래』는 작가가 문자로 지은 집이다. 작가가 초대한 집은 저 푸른 언덕에 있다. 그 언덕을 향해 첫발을 내디뎌 본다.

2. 무의식의 그림자와 고향

우리의 마음에는 알 수 있는 마음과 알 수 없는 마음이 있다. 의식과 무의식이라고도 하며, 의식의 심연엔 무의식이 깊이 자리 잡고 있다. 카를 구스타프 융은 무의식을 집단적 무의식과 개인적 무의식의 층위로 보았다. 전자는 인간 누구나 갖는 보편적·원초적 무의식이며, 후자는 개인이 살아오면서 형성된 무의식이다. 고향은 이러한 두 층위에 겹쳐 있다. 고향은 세계의 중심으로서 인간 원형(原型)인 동시에 개인의 경험에 따라 차별화되는 기표이기 때문이다.

1) 집과 언덕의 토포필리아

토포필리아(Topophilia)는 '장소에 대한 사랑'을 의미한다. 그리스어로 장소와 대지 등을 뜻하는 토포스(topos)와 사랑이나 애착 등을 뜻하는 필리아(phila)의 합성어다. 이-푸 투안은 '특별히 기억되거나 애착을 갖는 장소와 맺는 정서적 유대'를 'Topophilia[場所愛]'로 개념화했다.

『푸른 언덕의 노래』에는 고향이 매우 큰 자리를 차지한다. 작가의 고향은 안동 무실이다. 수곡(水谷)이라고도 불리는 이곳은 임하댐 건설로 수몰 지구가 되었다. 전주 류씨(全州 柳氏) 가문이 사백여 년이나 이어 살아온 집성촌인데 일부 유적과 30여 가구만 남고 일가 대부분은 선산군 해평면으로 집단 이주를 했다.(「물실은 고향」, 「팔촌계」) 작가가 추억을 쌓아온 유년 시절의 시공간도 대부분 물속으로 자취 없이 사라졌다. 수필집 곳곳에서 물과 관련된 심상이 다수 발견되는 것도 무의식의 심층에 굳게 자리 잡은 물의 기억과 무관치 않다. 따라서 무실마을은 토포필리아의 대상이 된다. 무실은 공동체적 소속감과 작가 개인의 경험이 투영된 구체적 장소이자 추억의 공간으로서 작가 인식과 가치를 반영한다. 더불어 감성적, 심리적 특성이 표출된다. 그 중심엔 집이 있다.

> 옛집에 다시 오니 내 어린 시절의 시골집 기억도 떠오른다. 수없이 넘나들던 문지방과 벌컥 열어젖히던 장지문, 여닫을 때마다 소리 내던 방문 고리, 댓돌을 밟아야 오를 수 있던 마루, 그 끝에 앉아서 하염없이 바라보던 먼 산이 있었다. 뒤꼍에 부는 겨울바람 소리, 문풍지 떠는 소리, 살구꽃 피던 앞마당. 안방 아랫목 지키시던 할머니는 화롯불을 앞에 두고 늘 장죽을 물고 계셨다. 귀가 어두워서 귀에 대고 큰 소리로 말을 해야만 했다.
> 　　　　　　　　　　　　　　　　―「기억의 저장소」 부분

윗글에는 두 개의 옛집이 공존한다. 아파트와 시골 옛집이다. 작가는 결혼 후 어린 아들들을 키우며 살던 아파트를 세를 주고 떠나 살다가 10여 년 만에 다시 돌아왔다. 그 아파트에서 더 먼 시절 고향의 옛집을 떠올린다. 고향의 시골집은 몸의 기억과 소리 및 인물과 정경 묘사로 생생하게 되살아난다. 경험과 지각(知覺)을 통해 인식된 집이다. 한편 이미 결혼을 하고 분가한 두 아들은 나름대로 다시 돌아온 집에서 자신들의 옛 시간을 떠올리며 감회에 젖는다. 두 개의 집은 각각 다른 시공간에 있지만 집이라는 공통 기표 안에서 작가와 아들 세대의 유년 및 성장기를 아우른다. '시골 옛집(농촌)/아파트(도시), 작가의 유년/아들들의 유년, 친정어머니/시어머니, 작가의 할머니/아들들의 할머니'가 성장과 결혼과 노년의 순환구조를 그린다. 여성 삶으로 보면 '딸로 태어나 여자로서, 아내와 며느리로, 어머니와 할머니'로 이어가는 시간이 있다. 작가가 인용한 알랭 드 보통의 말을 빌리면 집은 "기억의 저장소"이다. 그밖에 '사후성'을 보탤 수 있다. 잠자던 기억들이 회상으로 새롭게 깨어나 재구성됨으로써 의미를 생성하는 것이다. 대체로 건축물로서의 집은 그 안에 거주하는 가족들을 외부의 비바람으로부터 보호하고, 가정으로서의 집은 바깥 사회로 던져지는 가족을 상호유대로 보듬어 내적 자아의 집을 안온하게 감싸는 요람의 역할을 감당한다. 그 안에서 가족들은 달력에 따른 크로노스의 시간을 지나면서 가족끼리 향유하는 카이로스의 시간을 엮어간다. 이 글에는 옛집에 대한 향수와 더불어

가족애로 맺어진 희로애락의 흔적이 있다. 집은 가족의 삶을 지켜주는 파수꾼이며, 가족과 함께 자란다.

집 못지않게 토포필리아가 구현되는 곳으로 언덕이 있다. 표제작 「푸른 언덕의 노래」는 그 일면을 보여준다. 외적으로는 '수필의 날' 행사 참관이 주목적이었지만 내심 '청라언덕'에 대한 기대가 컸다. 푸른 담쟁이처럼 싱그럽던 여학생 시절부터 마음속에 품었지만 "손녀가 열두 살이" 되도록 가보지 못한 곳이기 때문이다. 표제작을 관통하는 주요 기제는 '언덕'인 것이다. 왜 그리도 청라언덕을 오르고 싶었을까. 노래 「동무 생각」이 동기가 된 것만은 아닌 듯, 다른 글에서도 언덕과 관련된 소회가 자주 언급된다. 고향의 언덕 아랫마을이 물에 잠긴 것도 한 요인이 될 수 있겠으나 보다 근원적인 그리움이 비친다.

「저 언덕을 바라보며」에서 그 실마리를 발견할 수 있다. 이 글에서 작가는 "어려서부터 나는 늘 언덕을 바라보는 버릇이 있었다. 어머니가 바라보니 나도 따라 그리했다."라고 술회한다. 모녀가 언덕을 바라보며 기다린 것은 무엇일까. 작가의 아버지는 한국전쟁 당시 "첫 아이 임신을 한 스물한 살의 아내를 두고 볼일 보고 오겠다며 떠나간 후" 행방불명이 되었다. 작가는 그렇게 태어났다. 더구나 남아선호사상이 팽배하던 시절, 아버지 없는 딸이었다. 어머니는 이제나저제나, 며칠 후 돌아오겠다던 남편이 언덕을 넘어 달려오려나 기다렸고, 작가는 그 어머니와 함께 긴 세월을 보냈다. 이산가족을 찾기 위한 유전자 검사도 했지만 세월이 갈수록 연세가 높아지는 아버지와의 상봉 희망은 점점 멀어져간다. 어머니는 "남편 생전에 짠 명주를 수의용"으로 준비할 만큼 연로해지셨다. 작가에게 언덕은 기다림과 그리움과 서러움의 표상이다. 몰래 숨어 혼자 울던 보리밭도 푸른 언덕에 있었다.(「보리밭」) 언덕은 실재하는 장소이되 작가가 넘어야 할 정신적 공간이었다.

집과 언덕은 이처럼 토포필리아의 대표적 대상으로 자리매김된다. 작가는 "나의 고향에 대한 그리움은 아버지 그리움이다."(「물 실은 고향」)라고 했으며, 러시아 여행 중에는 "붉은 광장에서 아버지에 대한 그리움이 붉은 한이 되어 뭉클 솟아난다."(「붉은 광장」)라고 했다. 즉 특정 장소 애착엔 가족사와 연관된 무의식의 그림자가 똬리를 틀고 있다. 이외에 산과 들과 바다를 포함한 자연의 거소들도 토포필리아의 관점에서 읽힐 여지를 남긴다. 넓게 보면 고향이, 대지가, 우주가 모두 집이다.

2) 상실과 부재의 기억

류외순에게 '아버지'라는 단어는 상실과 부재의 기호다. "오직 한 분 그에게 내 이름을 불리고 싶다. 나의 이름도 성별도 모르실 그분에게 내 이름 알리고 싶다."(「외순처럼」)라고 토로한다. 친 형제자매도 없이 외딸로 자랐으니 굳게 의지할 사람은 어머니뿐이었다.

어머니의 뱃속에서 탯줄을 통해 산소와 영양분을 공급받았던 것처럼 나는 이 세상을 살아갈 모든 힘을 어머니의 옷고름에서 찾은 것 같다. (중략) 옷고름을 놓치면 어머니가 없어져 버리기라도 할 것처럼 한시도 내 시야에서, 손아귀에서 무명저고리의 옷고름을 놓지 않았다. 옷고름만이 나와 어머니를 연결하는 끈이고, 내 삶의 버팀목이며 만유인력보다 강한 사랑의 끈이라고 본능적으로 느낀 것 같다.

―「자주색 옷고름」 부분

여인의 앞가슴을 여며주는 옷고름은 정결의 상징이었다. 그래서 첫날밤에 옷고름을 푼다고도 한다. 관습대로라면 "남편이 있는 여자는 저고리 색과 고름 색을 달리했고, 남편이 없는 여자는 그 색을 같이" 했다. 공무원이던 청년과 열아홉 살 꽃다운 나이에 옷고름을 마주 푼 여인, 어머니는 남편 실종 후에 "남색 끝동 저고리의 자주 고름을 매어본 적이 없다." 한다. 어머니가 달지 못한 자주색 옷고름은 남편 부재 증명이나 다름없는 끈이었다. 어린 딸은 늘 엄마마저 잃을까 봐 두렵고 무서웠다. 그 상징적 고리가 옷고름이었다. 오죽하면 "밥을 먹다가 어머니가 옷고름이 없는 옷을 입고 있으면 울컥 토할 것 같아서 밥을 못 먹었다"고 했을까. 어린아이에겐 옷고름이 없는 옷, 단추 달린 옷은 소외와 별리(別離)의 신호처럼 각인되었다. 작가가 지금도 단추 달린 옷을 기피하는 이면에는 이와 같은 유년의 그림자가 있다. 무명 저고리를 입은 어머니의 옷고름에는 어린 딸의 눈물 콧물과 불안과 두려움이 섞여 있고, 지아비를 기다리는 여인의 한숨이 배어 있다. 그러므로 옷고름은 단순한 의상의 일부가 아니라 삶의 기록이며 운명적 끈의 상징이 된다. 다음 글에서는 동류의 정서가 좀 더 강하게 드러난다.

> 아주 어릴 적 예닐곱 살 때였던 것 같다. 엄마가 나를 재워놓고 저녁 예배를 보러 교회에 갔다. 처음에는 너무 놀라서 울었다. 다시는 재워놓고 가지 말라고, 절대로 가면 안 된다고 당부하고 엄마 치마꼬리를 꼭 잡은 채 잠이 들었다. 그러나 자다 깨어보니 엄마가 또 없었다. 무섭고 화나고 엄마가 미웠다. 바깥에서 잠가 열리지 않는 문에 매달려 바깥을 보기 위해 문을 뜯었을까, 분풀이였을까. 나는 창호지를 하나도 남김없이 다 뜯어놓고 울었다. 엄마는 내가 자는 동안 얼른 다녀오리라 생각했으리라. 열리지 않는 문은 절망이다. 그래서 문은 출입문인 것이다. 문은 나갈 수가 있어야 한다. 문이 잠긴 방은 감옥이다.
>
> ―「문(門)」 부분

어린 소녀의 절절함에 콧등이 시큰해진다. 예전 한옥에 살던 사람들은 가을이면 연례행사를 치르듯 방문 창호지를 새로 붙였다. 대문도 열어놓고 지내는 집이 많았다. 지금은 보기 힘든 정경이다. 작가는 이 글에서 문에 대한 사유를 다각도로 펼친다. 그런 중에도 위의 대목이 잊히지 않는다. 아버지를 본 적이 없는 아이, '아빠'라는 호칭을 한 번도 불러보지 못한 아이, 남자만 보면 낯설어서 울었다는 아이에게 어머니가 부재하는 집의 닫힌 문은 단절과 절망 그 자체였다. 폐쇄된 공간에 홀로 남겨진 아이의 무의식에 잠재한 분리불안과 애착이 처연하다. 방은 문의 열림과 닫힘을 경계로 양면성을 지닌다. 스스로 '닫은' 문과 타의에 의해 '닫힌' 문은 '안락'과 '구속'을 가른다. 닫힌 문 안의 존재에게 방은 폭력적이다. 안식처가 되어야 할 방은 그 순간 두려움과 분노가 뒤섞인 토포포비아(Topophobia)로 탈바꿈한다. 모성 갈망과 저항이 혼재하는 어린아이의 파편화된 자아가 심리적 감옥으로부터 벗어나려는 처절한 욕구의 투사로 보아도 무방하리라. 어린 '외순'은 장에 간 엄마를 저물도록 기다리며 언덕을 쳐다보기 일쑤였고, 자기를 "혼자 두고 가는 게 싫어 신발을 변소에 감추었"(「우리 순이」)을 정도였다. 이제는 문이 닫힌 방에서 절망했던 기억을 환기하며 "항상 마음의 문을 닫지 않고 괴어 놓는다."라고 한다. 자신이 "어머니의 옷고름"이 되고 싶다고도 한다. 문고리와 옷고름은 태반과 같은 모성확인의 매개체였다. 문의 함의는 다양하다. 물리적인 문은 정신적인 문 또는 세계로 향하는 문의 비유와도 통한다. 세상에 태어남도, 사람과 사람 사이의 마음도, 입신출세도, 문의 개폐로 좌우된다. 인생길은 문을 통과하는 여로다.

「덕수와 염소」에서도 상실과 부재의 흔적을 볼 수 있다. 중학교에 합격하고도 형편이 어려워 진학을 못 했던 어린 '외순'은 엄마에게 염소를 사달라고 졸랐다. 그 염소를 키워 새끼를 낳으면 장에 팔아 학교엘 갈 요량이었다. 그런 중에 덕수라는 아이가 아랫마을에 왔다. 초등학교만 졸업하고 친척 집으로 온 아이였다. 비슷한 처지라 서로 의지하던 중, '외순'은 중학교에 진학했다. 그러나 언제부턴가 덕수를 볼 수 없었다. 덕수가 병이 들어 세상을 떠났다는 사실은 나중에 풍문으로만 들을 수 있었다. 덕수는 소녀 '외순'의 마음을 "처음으로 환하게 밝혀주던 아이"였다. '외순'을 보면 "동그란 얼굴로 해맑게 웃던 아이, 귀엽게 다가와 손을 내밀던 아이"(「소나기 마을」)였다. 그러나 한줄기 소나기 같았던 덕수는 '지금, 여기'에 없다. 저 먼 피안의 세계에서 내려다볼 것이다. 황순원의 「소나기」에서처럼 외로웠던 소년 소녀, 소나기 마을에서도 덕수를 떠올릴만하다.

이외에도 곁을 떠난 이들이 많다. 순수한 연모를 지닌 청년이었으나 백설의 추억을 남기고 이미 세상 떠난 고향 친구(「눈의 두 얼굴」), 뛰어난 능력을 지녔으나 아버지의 월북으로 인한 연좌제 때문에 장래가 막힌 친척 오빠의 불행한 죽음이 있다.(「모든 것은 종이 위에서 더 아름답다」) 소식을 알 수 없는 친구에게는 수신 기약이 없는 편지를 쓴다.(「등꽃 그늘에 앉아」) 그밖에 죽은 이들에 대한 애도가 있다.

기억은 늘 과거에 머문다. 현재로 소환됨으로써 역동적으로 재탄생할 수 있다. 작가가 여러 형상으로 불러내는 기억의 뿌리를 들춰보면 상실과 부재의 상흔이 딸려 나온다. 어느 하나의 사유는 각각 이항 대립적으로 분리되어있는 것이 아니라 관계 속에서 접속하는 것이다.

3) 몸의 언어와 이미지

몸은 사회와 유기적으로 상호침투하는 매개체로서 실존을 표상한다. 생물학적인 형체로서의 몸은 인간 정신이 깃드는 거주처로서 의식과 무의식을 총괄하며 감각과 의미로 말한다. 『푸른 언덕의 노래』에선 몸을 직접 지칭하거나 오감으로 표현되는 언어들과 접하게 된다. 세계를 보고 느끼고 들으며 글로 옮길 때 시각과 촉각을 포함한 공감각적 행위가 암묵적으로 내재하지만, 지면에서 가시적으로 전경화되는 부분에 주목해본다. 특히 청각과 미각과 후각의 언어들이 정서적 감응을 일으킨다. 그 양상은 '소리/맛/냄새, 향기' 등을 통해 발현되며 제목으로 직접 드러나거나 이미지로도 표현된다.

「무릎」은 몸을 직접 언명한다. 무릎은 신체의 일부이되 그 행위는 '항복/굴종/용서' 혹은 '존경/겸손/감사' 등 양가적인 메타포를 지닌다. 작가는 이 점을 놓치지 않는다. 살다 보면 삶에 굴복하여 무릎을 꿇어야 할 순간도 없지 않다. 그러나 다시 일어설 수 있음에 무릎의 덕목이 있다. 이 글에서 무엇보다도 주안점이 되는 것은 엄마의 무릎이다. 길쌈을 하면서 "항상 맨살"이었던 엄마의 무릎은 실존의 기호다. 어머니는 입으로 가늘게 가른 삼을 맨살 무릎에 비벼서 잇고 베를 짜듯, 한 올 한 올 삶을 교직하며 살아왔다. 그러한 어머니가 계셨기에 딸은 지금 언어의 베 짜기를 할 수 있다. 류외순은 "오금 한 번 마음껏 펼 날이" 없으셨을 어머니에게 마음의 무릎을 바친다. "다음에 엄마를 만나면 무릎 걸음으로 다가가서 엄마 무릎을 정성껏 주물러 드려야겠다."라고. 어머니의 무릎은 자신이 섬겼던 한 여인이 걸어온 생의 역사를 기억하리라.

「종소리」에서는 어머니의 삶이 청각으로 상기된다. 피렌체, 두오모 성당 등을 여행하면서 쓴 글이다. 작가는 여행지의 풍물과 시각적 요소들을 징검다리 삼아 청각의 세계를 불러온다. 여기서 작가가 침윤하는 것은 종소리이다. 종소리에는 어머니의 삶이 내재해 있기 때문이다. 어머니는 "종 치는 우 집사"였다. 어머니는 시골 동네 언덕 위에 있는 조그만 교회당에서 종을 쳤고, 어린 외순은 어머니와 교회 아래서 단둘이 살았다. "새벽종 소리에 잠이 깨면 늘 어머니가 없었고, 종소리가 그치면 내 이름을 부르며 돌아오셨다."라는 작가에게 종소리는 부재와 현존의 기호였다. 어머니가 새벽을 열던 종소리는 아직도 귓가에 남아있다. 작가는 이국의 종소리에서 "스물한 살 나이에 아이를 홀로 낳아 키우는 여인"의 고독과 어머니의 염원을 읽는다. 아버지와 어머니가 못다 이룬 사랑의 소리도 그 안에 있다. 마리아상에서 어머니의 생을, 프란체스코 교황님의 인자한 사진에서 아버지의 모습을 떠올린다. 작가는 마흔 살에서야 아버지가 근무하시던 곳을 찾아가 겨우 흑백 사진 한 장을 구했다. 그 사진에는 '면 직원

일동'과 찍은 스물세 살 아버지의 모습이 찍혀 있었다. 여행지의 돌바닥 길에서, 미술관 안에서도, 30분마다 종이 울리는 피렌체에서 환청처럼 따라다니는 건 "어릴 적 고향에서 들었던 그리운 종소리"이다.

「다듬이 소리」에서는 아득하게 잊힌 향토정서를 소리로 환기한다. 다듬이 소리를 모티프로 삼아 울리는 소리의 향연이 다채롭다. 윗마을에서 큰 소리로 시끄럽게 울던 말매미, 중막골에서 낮고 맑은소리로 울던 참매미, 아랫마을에서 씨롱씨롱 울던 씨롱매미 소리의 운율이 생동감 넘친다. 이를 닮은 윗마을 아재, 중막골 언니, 아랫마을 오빠의 노래 솜씨 비유도 신선하다. 자연과 인간이 어우러진 고향의 소리다. 작가의 말대로 "소리는 울림의 감각"이다. 그러므로 작가가 사랑하는 '자연의 소리(물소리, 바람소리, 낙숫물 떨어지는 소리)/살아 있는 생명의 소리(개 짖는 소리, 닭 울음소리)/사람과 사물이 빚어내는 조화의 소리(종소리, 다듬이 소리)' 등이 모두 마음의 "안정과 편안함" 안에 포섭될 수 있다. 태아가 어머니 뱃속에서 안온함과 평화로움을 느끼듯 고향의 다듬이 소리는 공간의 구실까지 담당한다. 어린 시절 자장가처럼 들던 어머니의 다듬이 소리가 그리워지는 이유이기도 하다. 시대는 사람을 만든다. 옛 조상들은 노동의 고단함을 노동요로 풀었다. 다듬이 소리엔 여인들의 노동이 묻어있지만 혼자가 아닌 둘이 맞추는 가락으로 고단함을 덜었다. 그러나 오늘날 다듬이 소리는 '사라져가는, 사라진, 소리'다. 요즘엔 다듬이질할만한 천을 사용하는 일이 거의 없으니 다리미가 그 기능을 대신하고, 다듬이 소리 대신 손녀의 소고와 난타 소리가 그 자리를 메운다. 주제를 추동하는 힘이 돋보이는 글이다. 이밖에도 염소 소리(「덕수와 염소」), 이민자의 애환과 포개지는 지인의 멈추지 않는 딸꾹질 소리(「딸꾹질」) 등이 기억의 한 자락을 붙든다.

　청각 못지않게 자주 만나는 것이 미각의 세계다. 고향의 맛이 누룽지, 호박, 국수 등을 통해 되살아난다. 「가마솥에 누룽지」에는 우물에서 물 긷고 가마솥에 밥 지으며 솥뚜껑 여닫던 소리로 아침을 열던 시절과 전기압력 밥솥에 밥을 짓는 요즘이 있다. 시간의 간극은 대가족을 핵가족으로 바꾸었고 농촌의 도시화를 불러왔다. 숭늉 맛을 잊을 만큼 입맛도 변했다. 「호박」에서는 가난했던 시절 농촌에서 귀중한 음식으로, 놀이로 함께했던 호박 이야기가 있다. 호박이 긴 장마와 천둥 번개를 견디며 열매를 키우듯 어머니는 딸을 키워내셨다. 호박이 흙을 만나 숨을 쉬듯 딸은 어머니의 토양에서 튼실하게 자랐다. 그러므로 "어머니는 고향"이고 대지다. 미각이라고 하면 백석의 시를 빼놓을 수 없다. 「국수 한 그릇」에선 백석 시 「국수」를 인용하여 "안동국시"에 얽힌 이야기를 풀어놓는다. 안동국시에 대한 그리움은 고향의 맛에 대한 그리움과 다르지 않으며, 잊혀가는 정서와 사람에 대한 그리움이기도 하다. 음식은 단순히 입맛 충족에 그치는 것이 아니라 지역과 계층문화를 대신하며 정체성과 친화력을 확인시켜준다. 「팔촌계」에서 보여주는 푸짐한 향토음식과 친인척들, 공반상에서도 그 예를 볼 수 있다. 「양탕국」에서는 커피의 맛과 서양의 맛, 우리나라 역사의 쓴맛과 인생의 쓴맛을 쓴다. 처음 커피가 수입될 때의 일화가 낯설 만큼 커피는 어느새 우리 것처럼 익숙해졌다. 그만큼 우리 문화도 달라졌다. 이처럼 맛의 세계는 소리, 시, 역사 등과도 어우러진다.

다음으로 만날 수 있는 것이 후각의 언어다. 「여름 향기」에서 작가는 "어릴 때부터 냄새에 유독 민감했다."라고 밝힌다. 비린내, 기름 냄새 등에 특히 예민하게 반응했다. 그러나 자연의 향기엔 흠뻑 취한다. 솔 향기, 꽃향기, 산 향기, 초여름의 향기 등 자연의 향기가 산길 따라 인생의 향기로 나아간다. 「오월의 햇살」에도 초여름의 싱그런 향기가 있으며, 찔레꽃, 아카시아꽃 향기가 푸른 바람에 실려 온다. 수필집에는 자연에 대한 묘사가 많다. 몸의 언어는 정신 및 관계의 언어로 나아가며 세계를 확장함에 의의가 있다. 「푸른 언덕의 노래」에서는 "문향(文香)과 월향(月香)과 인향(人香)에" 취하는 시간들이 훈향(薰香)으로 남는다.

작가가 지면을 화폭 삼아 그려내는 여러 풍경에는 색채 이미지가 주목된다. 노랑(우체통)과 흰색(백설)과 붉은색(노을, 저녁 바다, 광장)이 원경에 있고, 푸른색이 근경에서 단연 으뜸으로 주조색 자리를 차지한다. 푸름을 사랑하며 푸름으로 나아가고자 하는 무의식의 발로다.

이상과 같이 『푸른 언덕의 노래』에는 고향과 아버지와 어머니가 긴 그림자를 남긴다. 그 양상은 장소 애착, 상실감과 부재의식, 몸의 언어와 이미지 등으로 표출된다. 운명적인 부상실(父喪失)이 무의식의 그림자가 되어 분리불안과 고독, 그리움과 기다림을 낳지만 수필 창작에선 순기능으로 작용한다. 융은 이러한 무의식을 "자율성을 가진 창조적 조정능력"을 지닌, "마음을 성숙케 하는 창조의 샘"(이부영, 『그림자』, 한길사, 2006. 33쪽)이라고 보았다. 인간 무의식은 지각되지 않은 채로 시시각각 의식화에 영향을 주며 기억은 먼 것을 가까이 데려온다.

3. 스토리텔링과 서사적 존재들

『푸른 언덕의 노래』는 스토리텔링(storytelling, 이야기 말하기) 방식을 주로 택한다. 스토리텔링은 인물, 사건, 배경 등을 주요뼈대로 삼으며 서사가 발생한다. 움직임과 시간과 의미를 서사의 주요소라고 볼 때 문학에서 순차적인 시간으로서의 스토리는 담론화할 때 가치를 지닌다. 자서전적 기록이나 단순한 정보전달과는 구별된다. 무엇(what, 내용)이 어떻게(how, 형식)로 재구성되는 '스토리─플롯─담화'의 과정이다. 원재료로서의 이야기가 미적 전환을 통해 새로운 의미를 획득하는 것이다. 소설과 달리 수필에서 스토리텔링은 경험적 사실을 근간으로 하지만, 그 자체를 무조건 옹호하거나 폄하할 사안은 아니다. 적절하게 쓰였는지가 중요하다. 우월적 관념주의 편향에서 벗어나 감성과 이해로써 상호소통을 돕기 때문이다. 스토리 없는 인간사가 있던가. 수천 년 전의 암각화에도, 무심히 흥얼거리는 대중가요에도, 스토리 요소는 어디든 존재한다. 요즘엔 광고나 SNS나 게임에도 스토리의 옷이 입혀진다. 매체의 변화에 따라 스토리텔링은 이미 스토리두잉(storydoing, 이야기 실천)의 시대로 접어들고 있다. 말하기를 넘어선 실천이다. 다만 수필로 한정해서 볼 때 중요한 것은 경험의 재구성을 통한 주제의 의미화이다. 이야기를 왜 쓰는가, 어떻게 쓰는가. 그것이 늘 관건이다.

1) 여성 삶과 역사

『푸른 언덕의 노래』에는 여성 서사가 많이 등장하며 공적 역사와 밀접한 관계를 맺는다. 「우순봉, 나의 어머니」에서 작가의 어머니가 그러했듯, 「우리, 순이」에서 작가가 그러했듯, 이들 삶에 한국전쟁은 지대한 영향을 끼쳤다. 만일 이러한 비극이 없었다면 삶이 어떻게 달라졌을까.

「어머님 전상서」에는 작가 시모(媤母)의 서사가 있다. 시모는 아들이 네 살, 딸이 2개월 때 남편과 사별했다. 당시 목수로 일하던 남편은 "일을 마치고 돌아오는 길에 영문도 모른 채 끌려가서" 유명을 달리했고, 그 아내는 "시체가 즐비한 골짜기에서 일주일을 울부짖으며 찾아 헤맸건만" 시신을 끝내 찾지 못했다. 한국전쟁 중에 벌어진 "최초의 민간학살사건 보도연맹 사건"의 희생자가 된 것이다. 이십 대에 남편을 잃은 친정어머니와 시어머니, 어린 시절 아버지의 부재를 절감한 딸(작가)과 아들(작가의 남편)

의 삶이 닮았다. 유사경험에서 동병상련을 느꼈을 듯하다. 그 바탕엔 동족상잔의 비극이 있다. 전면에는 여성 삶이 부각되지만 남성들 역시 역사의 피해자들이다. 이러한 시대를 산 사람들의 삶이 값진 것은 고난의 세월을 잘 넘었다는 데 있다. 덕분에 그 후손들은 밝은 세상에서 살고 있다. 작가는 시어머님께 들은 이야기와 자신의 경험을 바탕으로 '시어머니-작가-작가의 며느리'에 이르는 여성적 삶과 손자녀를 포함한 4대의 삶을 그리면서 십여 년 전 작고하신 시어머님께 추모사를 바친다. 삶의 회고를 통해 진정 어린 심정을 술회하고 경의를 표할 수 있다는 점에서 서간체는 유효하다.

「비단꽃향무 향기롭고」에도 한 여인의 고단한 생이 있다. 사촌 언니는 열여섯 살에 어머니가 정해준 남자와 결혼을 했고, 그는 의용군으로 나간 채 소식이 없었다. 그러나 다행히 몇 달 후에 피폐한 차림으로 겨우 살아 돌아왔다. 인민군에게 끌려갔다가 천신만고 끝에 도망해온 것이다. 그러나 모진 전쟁 말고도 층층시하 시집살이와 남편의 술로 인한 고통을 겪으며 마음고생이 컸다. 전쟁과 가부장제의 그늘에서 산 여성 삶의 전형을 보는 듯하다. 결국 오십 무렵에 남편은 세상을 떠났다. 외아들을 키우며 평생을 "왕실주단 전속 한복 명장"으로 일한 언니의 생은 "비단꽃향무"의 향기에 비유된다. 작가는 별세한 언니와 못다 한 정을 안타까워하며 그 생애를 기린다.

「돌아올 수 없는 거리」에서는 덕혜옹주의 삶을 반추한다. 대마도에서다. 본인의 뜻과는 무관하게 일제에 의해 어린 나이에 유학길에 보내지고, 열아홉 살에 대마도 도주(島主)의 후예인 종무지(宗武志) 백작과 정략결혼을 한 덕혜옹주의 생애에는 망국의 한이 서려 있다. 고종의 사랑을 독차지했지만 파란만장한 생을 살아야 했던 덕혜옹주는 결혼 후엔 조현병을 앓으며 이혼의 아픔도 겪어야 했다. "조선의 마지막 황녀"라고 불리면서 기모노를 입고 살아야 했던 여인, 고국을 지척에 두고도 수십 년의 세월이 지나서야 병든 몸을 이끌고 겨우 돌아올 수 있었던 여인, 말년에 실어증을 앓던 비운의 황녀는 낙선재에서 일흔 중반의 생을 마감했다. 나라가 백성을, 국가가 국민을 보호하지 못할 때 어떤 일이 생기는가. 부조리한 세계에 던져진 불가항력적 상황에선 여염집 아낙은 물론 황족도 예외가 아니다.

위에서 살핀 여성 서사의 현재적 의미는 무엇일까. 미시적인 개인의 역사는 어떤 식으로든 거시적인 공적 역사의 지배를 받는다. '개인―가족―사회―국가―세계'가 점층적으로 역사적 고리를 맺는다. 그 영향권에서는 남녀노소가 다르지 않다. 『푸른 언덕의 노래』로 국한해서 보더라도 전쟁이라는 폭력의 역사에서 목숨을 잃은 남성들은 제1 피해자였다. 한편 여성 삶은 남편의 운명에 좌우되었다는 점에서 이중적이다. 겨우 목숨은 부지했지만 살아남은 자의 고통도 만만치 않았다. 이에 따라 자녀들의 생도 부침(浮沈)을 거듭했다. 남편 애도를 평생 가슴에 묻고 산 여인들, '새댁'이나 '새 며느리' 혹은 택호로 불리며 익명의 존재로 살

앉던 우리의 어머니들은 찔레순과 쑥으로 허기를 채우는 극빈의 시간을 견디면서 자녀 양육과 가장의 무게를 걸머져야 했다. 이들 삶에는 한국전쟁이, 거슬러 올라가면 일제강점기라는 역사적 사실이 있다. 지나간 역사는 어느 한순간에 멈추는 것이 아니라 유기적으로 인과관계를 맺으며 흘러간다. 분단 이데올로기나 아직도 해결되지 않은 한일문제나 일제의 잔재 등이 그 예를 잘 보여준다. 과거는 현재의, 현재는 미래의 씨앗이 된다. 역사는 현재진행형이다. 과거의 기억이 살아 있는 한 역사는 늘 열려 있다.

역사적 사실을 환기하는 스토리텔링 방식의 발화는 공적 역사 속 개인의 실제 체험을 통해 실존적 상황을 부각함으로써 연민의 정서와 공감대를 확장한다. 동일세대를 겪은 독자들은 '그래, 그런 시절이 있었지.' 만감이 교차할 것이고 전쟁이나 가부장적 폐해가 낯선 세대는 아득한 시간 저편을 간접 체험하면서 현재를 돌아보게 될 것이다. 어머니 희생 서사는 수필에서 흔히 쓰이지만 개별 상황에 따라 공명의 진폭이 달라진다. 교과서에서 배울 수 없는 역사적 진실을 피부로 느끼게 하는 것, 그것이 수필의 힘이다.

2) 여행은 현존이다

"독서는 앉아서 하는 여행이고, 여행은 서서 하는 독서"(잔훙즈, 『여행과 독서』)라고 한다. 누군가는 '여행은 걸으면서 하는 독서'라고 바꾸어 말하기도 한다. 그 어떤 것이든 여행은 살아 있음의 증표다. 현존이며, 길 찾기이고, 만남이다. 『푸른 언덕의 노래』에는 여러 편의 기행수필이 실려 있다. 그 내용은 자연기행, 문화기행, 역사기행, 인간기행의 성격을 띤다. 낯선 여행지에서 자연과 만나고, 문학과 음악과 미술과 만나고, 역사와 만나고, 사람과 만나며 존재를 읽는다.

> 나신의 인간 탑은 아이부터 노인까지 발가락, 머리카락, 등골, 무릎, 가슴, 머리 모양 등을 너무도 생생히 조각해놓았다. 121명의 인간이 각각의 희로애락애오욕(喜怒哀樂愛惡慾)을 지닌 채 높이 조각되어 있다. 동양사상을 담았다고도 한다. "삶에는 끝이 있다. 휩쓸리지 않고 다스리는 것이 인생"이라고 장자가 말한 것처럼 인간의 유한함을 생각하고 헛된 집착에서 벗어나라고 일러주는 것 같다.
> ―「나신의 탑과 절규」부분

노르웨이 오슬로시의 프로그네르 공원이다. 그 중심부에는 비겔란 조각공원이 있고 화강암과 청동으로 조각한 수많은 인간상이 관람객을 맞이한다. 작가는 "오벨리스크처럼 높은 인간 탑" 앞에 있다. 그 주위에는 갖가지 몸짓과 표정을 한 인간군상이 "살아 꿈틀대고 있는 듯" 생명력을 보여준다. 121명의 조각상은 바로 '너와 나와 우리'의 자화상이 아닐까 싶다. 아이로부터 노인에 이르는 인간상이 상징하는 여정은 'womb(자궁)'으로부터 'tomb(무덤)'으로 이르는 인생 여행길과 다르지 않을 것이다. 유년기로부터 청소년기와 중장년기를 거쳐 노년의 길을 지나는 동안 우리는 숱한 사람과 만나고 숱한 몸짓으로 세상과 부딪치면서 생로병사의 희비 쌍곡선을 그린다. 흩어지거나 어우러지면서, "둘씩 또는 여럿이서" 지어내는 조각들의 모습에는 인간 서사가 있다. 작가는 "나도 저들 중에 한 사람이 아닐까, 비겔란이 나를 모델로 했다면 어떤 모습으로 형상화했을까." 자문한다. 우리가 나신에서 상상할 수 있는 것은 인간의 적나라한 모습이다. 옷을 걸치지 않은, 아담과 이브처럼 원초적인, 쾌락과 욕망의 본성을 지닌 인간 존재의 모습이다. 나신은 인간의 본래면목과 유한성에 화두를 던진다. 또 다른 글 「나부상(裸婦像)」에서 보여주는 도편수와 주모의 사랑과 미움, 무영탑의 순애보도 인간 모습의 하나다.

모든 여행의 궁극에는 인간탐구가 있다. 인간이란 무엇인가, 어떻게 살아야 하는가에 대한 물음이며 답 얻기이다. 환언하면 인간이란 화두는 출발점이자 마침표이다.

작가의 발걸음은 노르웨이 국립박물관으로 이어져 뭉크관으로 향한다. 「절규」를 포함한 56개의 작품이 전시되어 있다. 뭉크의 결핍과 고통이 핏빛 노을로 나타난다. 작가는 여기서 "색채들의 비명"을 들으며 인간 삶의 양태를 본다, '인간 탑으로 보는 군상, 절규로 보는 인간상'과 작가의 차이는 무엇일까. 그들은 제 자리에 머물러 있고 작가는 여행자로서 다시 떠날 수 있다는 점이다. 살아 있기에 가능한 일이다. 그렇다면 그 행로의 궁극지점에선 무엇을 추구할까.

'아름답다'라는 말에는 – '알음(앎)'의 안다, '얼싸 안는다'의 안다, '앓음'의 앓다 – 라는 뜻이 들어 있고 '앓음답다'라고도 한다. 아름답기 위해선 앓아야 하고 눈물이 필요하다고 한다. 이 세상에는 아픔이 참 많다는 것이다. 그래서 엄마는 아름답다. 늘 안아주니까. 아는 것이 힘이고 아름다움이 힘이다. 아름다워지고 싶다.
―「아름다운 사람들」부분

작가가 꿈꾸는 것은 아름다운 삶이다. 아름다운 사람을 만나고 아름다운 마음을 가지는 일이다. 이를 위해 작가는 '알기' 위해 사유하고, '안아주기' 위해 가슴을 열고, 함께 '앓기' 위해 연민의 밤을 보낼 것이다. "소금 같은 사람이" 되려 힘쓸 것이다. 아름다움은 곧 행복과 통하는 길이기도 하다. 「행복한 꿈 꾸기」에서는 마치 일기를 쓰듯 행복해지기 실천 목록을 하나하나 적는다. 그것은 문학적 형상화 여부를 떠나 자신에게 하는 다짐이며, 독자들에게 '지켜봐 주세요'라는 메시지와 함께 실천 의지를 다지는 약속이다. 수필집은 이 글로 마무리된다. 아름다움의 추구는 곧 행복 프로젝트와 통한다.

4. 수필에 물을 주어라

지금까지 작가와 함께 '푸른 언덕'의 세계를 여행하면서 그 특성을 살폈다. 미처 언급하지 못한 작품은 독자의 몫으로 남긴다.

류외순 수필의 어조는 담담하고 순하다. 독자를 노래로 자주 불러내며 아득한 시절 동화의 세계로 데려다 놓기도 한다. 온돌방에 마주 앉아 옛이야기를 듣는 것처럼 작가의 숨결이 느껴질 땐 호모 나렌스(Homo narrans, 이야기하는 사람)적인 기량이 보였고 작가의 진솔한 삶과 마주할 때는 뭉클한 울림도 있었다.

수필에서 자기 고백 서사는 어떤 의미가 있을까. 정신적 치유와 카타르시스 효과를 꼽을 수 있다. 그러나 자기 고백이 그저 푸념이나 배설이 목적이 아니라면, 인쇄 매체와 만나는 독자를 상정한다면, 자기 삶을 바라볼 수 있는 최소한의 객관적 거리 유지와 자아의 타자화 및 세계화가 수반되어야 한다. 그런 만큼 용기가 필요하다. 자신의 삶을 부끄럽게 여긴다면 드러내기 어렵다. 아픔을 극복하고 단단해졌을 때, 삶의 진정한 가치를 발견하고 자기 삶에 당당할 때, 자신을 가둔 억압에서 벗어나 자유로운 존재가 될 때, 비로소 진실한 발화가 가능해질 것이다. 허위의식의 포장이 두꺼울수록 현학적이기 쉽고, 자랑이 과할수록 공감을 반감하기 쉽다.

우리의 옛 정서가 살아 있는 류외순의 글은 한복을 다소곳이 차려입은 여인의 자태를 연상케 한다. 분칠을 하거나 허세의 장식을 덧대지 않았으며 진솔하고 검박(儉朴)하되 옹색하거나 누추하지 않다. 어린 시절 불가항력적인 상실과 부재 경험이 있었지만, 그 억압은 창조의 원동력이 되었다. 무의식의 그림자는 의식화를 거침으로써 건설적인 기능을 한다. 자아 정체성에 대한 탐구도 잊지 않는다. 자신의 이름대로 소박하게 살기를 원하며 "조용히 안으로 깊어지면 좋겠다."(「외순처럼」)라고 한다. 이제는 지하철 경로 우대증을 "내 인생의 상으로 받은 통행증"이라고 여기며 "자아실현을 위해 글쓰기를"(「내 인생의 통행증」) 한다. 생존을 위한 결핍의 욕구에서 해방된, 인간 욕구의 최상위 단계인 잉여 욕구의 실현이다. 그동안 험한 길과 고개를 지나며 "넘어져 죽을 고비도 있었지만 견디고 버티어 여기까지 잘" 왔기에 지금이 좋을 때라고, "나이 듦은 자유"(「좋을 때다」)라고 한다. 누룩은 발효의 시간을 거쳐야 맛깔스러운 술이 된다. 인간의 숭고함은 '극복'에 있다. 고난의 언덕을 넘어 건강하고 긍정적인 수용에 도달한 현존의 모습이 왠지 고맙다.

  오늘의 류외순이 있기까지, 그 힘의 원천은 어머니를 포함한 가족과 고향에서 찾을 수 있다. 어머니는 인류 보편의 본향이지만 특히 류외순에게 어머니는 고향의 중심이자 삶의 지주였다. 한편 고향공동체는 의식이 성장할 수 있는 주춧돌과 울타리가 되어주었다. 고향에는 아직도 팔촌계를 비롯한 류문 일가의 모임이 있고 혈연이 살아 있다. 놀이문화가 있고 끈끈한 인정이 살아 있다. 류외순의 고향이야기는 시대의 변천을 보여주며 현재를 돌아보게 한다는 점에 의미가 있다. 그러나 아쉬움이 아예 없는 건 아니다. 유사한 화소가 여러 편에서 중복되는 건 바람직하지 않다. 다양한 소재를 발굴하여 수필의 지평을 넓혀보는 것도 좋을 것 같다. 자신만이 가진 이야기보따리는 수필 창작에서 큰 자산이 될 수 있다. 예컨대 다른 사람들이 겪지 못한 고향의 풍부한 체험을 전쟁문학과 접목하여 연작으로 구상하거나, 공동체 의식이 퇴색해가는 시대에 고향공동체의 덕목을 살려 사회공동체 의식을 고양하고 발전적 미래를 조망하면서 또 다른 연작으로 사회수필의 장(場)을 마련하는 것 등도 생각해볼 수 있다. 수필집에선 간혹 밀도가 요구되는 글도 눈에 띈다. 피상적인 화소를 나열할 경우 주제를 흐릴 우려가 있다. 단락 간 연계와 시퀀스를 고려하여 원석을 갈고 다듬는 정밀한 구성으로 주제의 심화를 모색해볼 만하다. 수필 창작에서도 때로는 송곳과 방망이가 필요하다. 다만 그것은 자기 자신과 공동선을 향하여 쓰일 때 가치가 있다. 또한 시 작품을 인용할 경우엔 시의 원문을 훼손하지 않으며 표기법에 어긋나지 않도록 유의해야 한다. 그것이 시인에 대한 예의다.

류외순은 수필 창작 외에도 다방면에 취미를 갖고 있다. 남은 시간을 "공주(공부하는 주부)"로 사는 게 소망의 하나다. 그 중에도 매화 그리기를 즐긴다. "나는 매화만 치련다"라고 다짐하거나 "나는 매일 매화에 물을 주는 마음으로 산다. 매화는 아무리 추워도 향을 팔지 않는다 한다. 내 삶에도 매화가 가득 피었으면 좋겠다."(「매화에 물을 주어라」)라고 한다. 그렇다면 하나 더, 퇴계 선생이 말씀하셨다는 "매화에 물을 주어라"에 덧붙여 '수필에 물을 주어라'도 실현해보면 어떨까. 마음의 텃밭에 수필나무를 심고, 그 나무가 쑥쑥 자라 꽃을 피워내어 그 향기가 삶을 은은하게 채

울 수 있도록, 심혼(心魂)을 담은 정화수로 생명의 기운을 불어넣어 마음의 지도를 그려보는 거다. 행복 프로젝트에 이미 수필과 시 창작과 아울러 수필집과 시집 발간에 대한 꿈을 담았거니와, 물이 풍부한 고향 '무실'의 딸이니 문학의 우물에서 문자를 길어 올릴 두레박은 충분할 것으로 보인다.

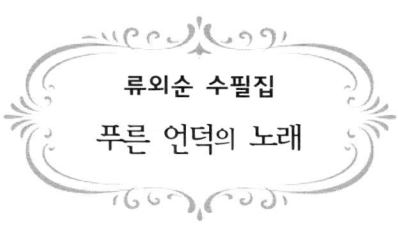

류외순 수필집
푸른 언덕의 노래